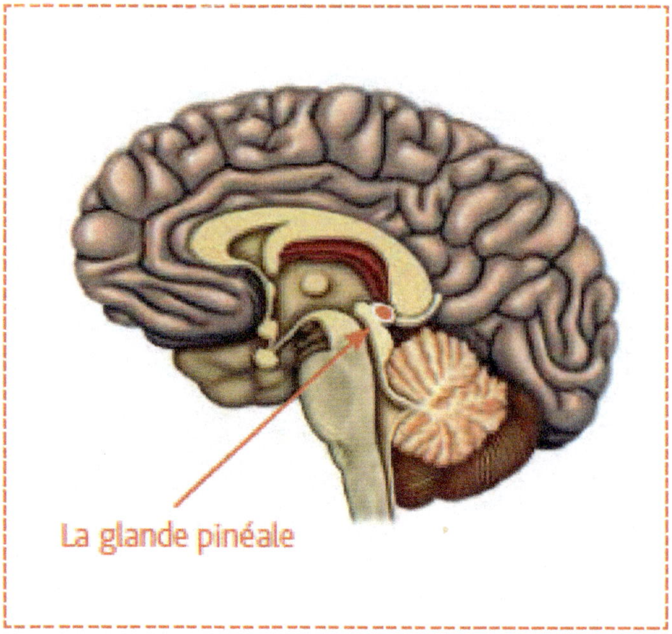

Le célèbre philosophe Descartes décrit la Glande Pinéale comme “Siège Principale de l’Âme”

Remerciements

Je tiens à remercier Mr. Seth Shostak, astronome en chef au Search for Extraterrestrial Intelligence (SETI) Institute en Californie, aux États-Unis.

Sa position à SETI et son implication dans la recherche de l'existence de la vie extraterrestre m'ont incité à le contacter pour lui montrer certains de mes documents. Seth a été le premier de mes contacts qui m'a invité à regrouper mes informations et à les publier pour informer les personnes intéressées sur les vérités qui ne sont pas enseignées à l'école ou diffusées par les médias alors que ces « informations » sont la base ce notre connaissance, de notre personnalité.

La raison qui m'a aussi motivé à vous transmettre mes connaissances est le fait que des millions de personnes s'intéressent au phénomène OVNI et à la découverte de choses extraordinaires comme on le voit dans les films et qu'il n'y a rien de meilleur que de découvrir que ces choses sont réelles.

La différence avec la télévision, c'est que dans ce livre, j'évoque mes expériences, authentiques et vérifiées par des témoins de tous bords.

Les Amis des réseaux sociaux qui me suivent chaque jour aux 4 coins du globe sont aussi le moteur de la motivation pour l'écriture pour transmettre mon vécu, mes expériences.

À Seth Shostak et à mes Amis que je ne peux citer tant ils sont nombreux mais que je garde dans mon cœur, je leur adresse toutefois un grand salut et Merci du plus profond de mon cœur.

J'apprends à développer mes super-pouvoirs

(Mon Shekinah)

SOMMAIRE

Où me joindre? :

Facebook :https://www.facebook.com/ufo.man.14

Email : goldplay54@live.fr

Youtube : https://www.youtube.com/user/goldplay54

Instagram : https://www.instagram.com/ufoman54/

A travers cet ouvrage, je vais vous exposer des moments importants de ma vie, des moments que je partage et qui ne sont que mes expériences vécues et points de vue sur la vie en général. Chaque chapître a été rédigé sur ce que je vis et sur mes ressentis. Je n'ai pas la prétention d'avoir la connaissance ainsi que l'exactitude de la vérité que je vous dévoile. Ma vie me mène à penser d'une façon différente de celle de chaque Homme sur cette Terre mais je vous invite à faire vos propres recherches, vos propres expériences et peut-être ainsi, vous pourrez découvrir qui vous êtes réellement, votre vérité. Cette vérité qui fera de vous un être à part.

Bonne lecture !

INTRODUCTION

On dit que tout est lié dans l'univers , ce ne sont pas des paroles en l'air.

Cent quarante milliards de soleils, voilà le nombre approximatif de soleils qu'il y a dans notre galaxie.

Mille cinq cent milliards de planètes, voilà le nombre approximatif de planètes gravitant autour de chaque soleil.

Notre Galaxie mesure cent soixante-dix-milles ans à la vitesse de la lumière, soit trois cents milles kilomètres par seconde pendant cent soixante-dix-milles ans.

Une distance incompréhensible pour un humain, nous qui n'utilisons que les kilomètres ou les miles pour nous déplacer ou pour évaluer des distances sur Terre.

L'homme est à l'échelle d'un parasite vis à vis de l'échelle de l'univers, et pourtant il se sent grand fort, et intelligent. Oui, il est tout ça, mais à son niveau, au niveau du petit humain qu'il est.

Nous ne nous penchons pas assez sur les bactéries, ni les micro-organismes qui peuplent le monde invisible, le minuscule mais si nous pouvions le faire, peut-être qu'on pourrait imaginer un gros microscope penché au-dessus de la planète Terre, pour voir comment nous vivons, comment nous mourrons et comment nous nous entretuons.

Nous sommes également des micro-organismes à l'échelle universelle, quand on connait l'immensité de certaines planètes comme Canis Majoris qui était la plus grosse planète de notre galaxie avant d'être détrônée par Uy Scuti, la nouvelle grande sœur des étoiles.

Elle est située à 9 500 années lumières (9 500 ans à la vitesse de 300 000 kilomètres/seconde) de la terre, dans la constellation de l'écu de Sobieski.

Si nous placions Uy Scuty au centre de notre système solaire, elle atteindrait Saturne qui se trouve à 10 UA (Unité Astronomique) de la Terre. (1 UA =150 millions de kilomètres)

Pour info, la Terre est 109 fois plus petite que le soleil.

Il est dit qu'il y a autant de galaxies dans l'univers que de grains de sable sur Terre.

Cela n'est pas vérifiable à ce jour mais, plus de 2000 milliards auraient été estimées en 2017 par une équipe internationale d'astronomes dirigée par le professeur d'astrophysique Christopher Conselice, de l'université de Nottingham.

Il m'arrive de demander à une personne que je croise à la caisse d'un magasin, dans une salle d'attente ou autre si elle croit aux extra-terrestres. Rares sont les courageux qui vont me dire que "oui" ils y croient.

Lorsque je pose cette question et que j'ai un non en réponse, je teste leur connaissance sur l'immensité de l'univers de l'infiniment petit et après quelques informations échangées, ils reviennent sur leur réponse et préfèrent dire : "dans ces conditions, pourquoi pas".

Au début des premiers hommes, lorsque le soleil se couchait, l'obscurité offrait un extraordinaire spectacle de lumières suspendues dans le tissu stellaire de la nuit. Les hommes s'interrogeaient sur les origines de ces points lumineux qui tapissaient le ciel. D'où proviennent-ils ? Pourquoi brillent-ils ? Et comment ?

Les Mayas, eux, se sont également posés ces questions mais en étudiant plus sérieusement la chose, brillants mathématiciens et astrophysiciens ils ont pu établir les calendriers avec les 365 jours et les quatre saisons ainsi que les solstices, les équinoxes et d'autres calendriers complexes mais " avancés" par rapport à leur époque.

Ils ont dressé des observatoires principalement dirigés vers Vénus et les Pléiades, leurs supposées origines. Ce qu'ils sont devenus par contre reste un mystère.

Des rumeurs sur un départ pour repeupler une autre planète grâce à des êtres galactiques...

L'humain d'aujourd'hui ne s'intéresse pas à ce qui l'entoure, il s'intéresse à ce qu'il a et il s'intéresse en premier lieu à ce que le voisin possède.

C'est cette chose qu'il n'a pas ou qu'il souhaite avoir qui va donner une direction à son regard. S'il regarde ce que le voisin a, il ne regardera pas ailleurs.

Souvent ma femme me dit : " Que ferais-tu sans ton portable, sans internet, sans ordinateur ? " Alors je lui réponds : " Et bien comme avant ", et là, je me souviens qu'avant, je faisais du sport, je sortais.

Aujourd'hui, je ne ferai plus ce sport, ni sortirai autant, ce n'est pas vrai. Peut-être que je chercherai une nouvelle occupation comme la pêche, ou la pétanque... Mais finalement, je l'ai cette occupation, j'observe le ciel, je regarde les étoiles et la lune.

Parfois, je vois des satellites et parfois autre chose d'inexplicable. Plus on vous donne de quoi vous distraire et moins vous vous tournez vers les choses essentielles, l'amour, l'amitié, la compassion.Pas seulement l'amour envers ses parents, son compagnon, ou ses enfants mais l'amour envers tout.

Vous rappelez-vous de la dernière fois que vous avez aidé une personne âgée à traverser la route ? La dernière fois que vous avez crié à des enfants de ne pas abîmer les branches d'un arbre ?

Ou simplement, que vous avez ramassé quelque chose dans la rue car cela polluait la planète ?

Cela est le vrai amour, celui où vous donnez un intérêt sans attendre quelque chose en retour.

Celui qui, une fois donné, vous emplit de fierté. Vous vous dites, “je pourrais le faire tous les jours, c'est si bon de faire du bien et si gratifiant”.

C'est comme si cela vous donnait plus de points pour aller au paradis, ou même pour annuler des erreurs que vous auriez faites et que vous souhaiteriez effacer.

Cet Amour il existe, il est en nous tous mais il a été obstrué par la suppression de notre sensibilité.

La sensibilité fait de nous des êtres extraordinaires et des sans cœur une fois enlevée.

Un point de vue sur la télévision contre toute attente.

Un humain est doté de quelque chose de fort, de subtil mais si révélateur.

En effet, la sensibilité fait de nous des humains, car être humain ne veut pas seulement dire avoir 2 bras, 2 jambes, un tronc et une tête.

L'humain a cette subtilité qui lui permet de ressentir des choses telles que la peine, la colère, la joie, l'amour...
Être humain vous impose d'avoir une réaction de surprise, d'émerveillement, de joie profonde, de tristesse et de rage.

La sensibilité a plusieurs branches :

-Celle qui vous touche lorsque quelqu'un vous dit" je t'aime", lorsque votre voisin vous apporte un colis que vous pensiez égaré, une carte postale d'un ami que vous n'avez pas vu depuis longtemps...

-Celle qui vous touche lorsque vous voyez un enfant dans la rue qui ramasse un morceau de sandwich pour le manger, ou une vieille dame qui vient de tomber devant vous ou encore, un accident avec une voiture bien amochée.

-Celle qui vous énerve quand votre enfant est malade et que le médecin traitant n'est pas disponible, ou quand vous roulez un peu plus vite pour ne pas être en retard et que vous vous faîtes flasher.

Ou encore lorsque vous rentrez des courses et que vous vous apercevez que vous avez oublié " Le truc " qui vous était le plus indispensable.

-Celle qui vous met hors de vous lorsque vous vous êtes investi dans votre travail comme personne et que vous recevez votre lettre de licenciement, ou vous finissez de payer un crédit mais vous cassez la voiture ou encore vous découvrez qu'une personne à qui vous vous confiez raconte tout à tout le monde en déformant les choses.

-Celle qui vous fait si peur que vous n'osez plus sortir dehors, ni regarder quelqu'un du coin de l'œil, ou chaque parole est calculée pour ne pas provoquer un tsunami de réactions négatives à votre encontre ou encore lorsque tout va bien et vous voyez aux infos des gens se faire tuer en direct, et des enfants qui pleurent près de leurs parents allongés sur le sol.

Je souhaiterai attirer votre attention sur cette dernière branche. Lorsque vous vivez dans la peur, le désarroi, la jungle totale entre la tyrannie et les guerres, lorsque vous n'avez connu que ça comme un chien qui n'a jamais fréquenté d'autres comme lui.

Vous pensez que vous êtes "humain" ? Non car cette part est inondée de choses négatives, comme une plante que l'on recouvre de pétrole.

Le noir est souvent associé à l'ombre, on le retrouve dans les films et dessins animés. (Dark Vador, la reine dans blanche neige...)

Cette couleur qui vous empêche de voir dans le noir, qui vous rend aveugle. Vous comprendrez que la couleur et l'amour sont des éléments nécessaires pour rendre quelqu'un humain.

Les pensées sombres ; broyer du noir ; le côté obscur ou encore dans l'armoire ou sous le lit, tant d'expressions qui ne veulent dire qu'une chose : le noir n'est pas une couleur mais bien un manque de vie, un manque d'humeur, un manque d'émotion, un manque d'amour car l'amour ne fait pas peur.

Je vous disais que la télévision n'est pas là juste pour vous distraire, elle vous informe du temps qu'il fera demain, des films disponibles dans la journée, et elle vous informe des horreurs qui se passent dans le monde.

Laissez-vous vos enfants regarder les informations ? Si oui, je vous encourage à revoir les bases du rôle des parents.

Si non, bravo à vous, vous êtes de bons parents, protecteurs, c’est un bon point pour vous !

Les laissez-vous voir des scènes de guerre et de maltraitance sur les hommes, les femmes, les enfants ou les animaux ? Je suis sûr que non, et pourquoi ? Car vous voulez préserver leur innocence, leur sensibilité.

Vous ne voulez pas qu'ils fassent de cauchemars le soir, dans leur lit seul, dans le "noir". Vous ne le faites pas car vous les aimez et vous ne voulez pas qu'ils soient comme vous, vous qui en avez trop vu, vous qui êtes moins sensible.

Vous qui n'êtes plus choqué de voir des victimes gisant sur le sol ou d'apprendre qu'un sans-abri est mort de froid. Et pourquoi ça ne vous fait plus rien ?

Car votre " cœur " a été recouvert de ce pétrole sombre qui vous empêche de ressentir les choses comme quand vous étiez à la place de votre enfant, de votre petit frère ou sœur.

Aujourd'hui, rares sont les programmes où l'on ne parle pas de sexe, de drogue ou encore de guerre. Ils passent même des publicités avec des hommes et des femmes à moitié nus, est-ce vraiment utile ?

Comme cette publicité pour des couches hygiéniques qui représentent le sexe de la femme sous plusieurs aspects et même en le comparant à un fruit de mer, je trouve cela déplacé mais le système fait que cela doit passer donc...

Ils alimentent en permanence votre esprit avec des reportages sur les guerres, les voleurs, les enquêtes policières, les attentats, la misère dans le monde. Même les séries et les jeux vidéo sont un moyen d'inciter à la délinquance ou à avoir le cerveau occupé d'images négatives et même à réaliser le crime parfait, car ils donnent toutes les idées saugrenues et techniques pour montrer aux téléspectateurs à quel point il est facile de tuer.

On s'étonne encore quand on voit des étudiants faisant des massacres, et bien souvent dans un milieu contrôlé, et pourquoi ? Car c'était un fan de jeux de rôle dans lesquels le but était de tuer des gens pour gagner des points et évoluer dans les niveaux. L' Education Nationale continue de parler de guerre aux enfants, pour instaurer la peur et des images traumatisantes dans leur cerveau. Toujours pour alimenter la machine. Pourquoi ne pas parler de l'amour, du partage et de la spiritualité ? Je vous pose la question.

La télévision, considérée comme le 4e pouvoir

est en réalité le poison du siècle

Le reste provient des séries qui enseignent les techniques pour fabriquer des bombes, des armes indétectables et comment propager la peur.

Bien sûr, la télévision n'est pas la seule responsable, mais il faut remonter dans le temps car la source n'est pas de cette génération mais bien la première qui a connu la télévision.

Les parfaits cocktails pour vous déshumaniser, pour vous faire perdre votre âme d'enfant. Et pourquoi ne pas continuer de vivre comme dans Peter Pan, où tout va bien, où le seul problème est ce capitaine crochet, vivant sur son bateau alors que Peter peut voler loin de ce monstre.

Pourquoi vouloir tout savoir sur la misère du monde ? Pour se dire que l'on est bien loti, qu'il y a pire, que l'on doit arrêter de se plaindre ? Mais seulement, êtes-vous responsable de ce qui se passe sur Terre ?

La réponse est en partie "OUI" car vous alimentez ce besoin de voir la TV. Vous êtes-vous même les demandeurs de vidéos décadentes, des vidéos qui vont continuer à hacher votre cerveau pour finir par être ce que la TV veut faire de vous, un voyeur, certes innocent, mais pas si innocent que cela.

Sans personne pour regarder la TV, il n'y aurait plus toutes ces images bien souvent provoquées pour heurter le public, pour le rendre victime à son tour en lui enlevant le peu d'humanité qu'il lui reste.

Pourquoi doit-on payer pour apprendre à sauver des vies quand de l'autre côté, la télévision, les journaux, magazines et jeux vidéo vous expliquent comment fabriquer une bombe et réaliser le crime parfait.

Je vous ai déjà parlé de l'amour et de ses capacités, mais l'amour se conserve et se protège comme vous vous protégez quand il fait froid ou simplement en évitant de parler à la mauvaise personne.

L'amour peut rester intact s'il n'est pas altéré par un événement nouveau mais il est fragile si nous ne faisons pas assez attention.

Il fait de vous un humain, car la sensibilité qui en émane vous donne accès à des caractéristiques non explicables par la science car cela provient de l'intérieur et non d'un livre de physique.

Un homme et une femme qui s'aiment peuvent réaliser énormément de choses, mais 8 milliards de personnes qui simplement s'entendent et se comprennent peuvent en faire autant que ce couple, même plus!

“Tout seul nous allons vite, mais ensemble nous allons plus loin”.

(Proverbe Africain)

Il est temps de réaliser que l'esprit est fragile et que si vous voulez connaître des événements nouveaux qui vous propulsent vers le haut et vous donnent accès à l'impossible et ne plus jamais redescendre, vous devez commencer par vous aimer.

Aimer toute chose, tout être vivant, respecter la vie comme la vie vous respecte et vous offre chaque jour un répit supplémentaire. Ne chargez pas votre esprit de noirceur, soyez ce drap blanc pendu à l'air libre qui vole au gré du vent. Soyez pur, comme une feuille blanche pour y dessiner ce que vous voulez sans obstacle ni ombre.

Ne vous critiquez jamais, ne pensez pas du mal de vous, et acceptez de perdre, de gagner mais surtout ne vous attachez pas aux choses matérielles comme à la prunelle de vos yeux. Cela ne vaut pas le coup de se défouler pour se venger, pour dire" il le mérite" où bien, "je n'accepte pas qu'on me fasse ça".

' La colère est mauvaise conseillère", mieux vaut lâcher prise, plutôt que de traîner derrière soi des casseroles qui vous empêchent d'avancer tranquillement, l'esprit sain, dans un corps sain.

Imaginez que vous êtes un beau bateau de croisière et que vous ne remontez pas l'ancre pour repartir... vous n'avancerez pas comme il faut et vous ramasserez

toutes les saletés au fond de l'océan, comme de la rancœur, l'envie de se venger, de mettre votre fierté en avant, de laisser l'égo prendre le dessus sur le mental. Laissez tomber ! C'est si bon de relâcher les nerfs comme un examen qui se termine, la vie est bourrée de tests, validez-les ! Vous ne serez que gagnant !

Quand vous aurez réalisé que la bonne marche à suivre est l'amour et rien d'autre. Des choses exceptionnelles se présenteront à vous, et vous serez le seul responsable de votre bonheur.

Alimentez-vous en amour, finis les journaux télévisés, les séries policières, les jeux vidéo qui vous manipulent.

Soyez amour et l'on vous aimera.

L'amour est contagieux mais quelqu'un doit commencer la contagion,

Et si c'était vous ?

Je vous ai assez parlé de l'amour, mais il faut comprendre que tout est lié, et je me devais de vous éclairer sur les méthodes mises au point pour vous soustraire votre sensibilité et faire de vous des “sans cœur”.

Si vous lisez ceci, c'est que quelque part, vous voulez apprendre, sur vous-même, sur tout ce dont vous ignorez.

Tous les jours nous apprenons, c'est pourquoi aujourd'hui je vais vous parler de Shékinah mais avant ça, vous devez comprendre pourquoi je vous en parle.

En Mai 2019, alors que j'arrivais sur mon lieu de travail à quatre heures du matin, mon regard est attiré vers le ciel au-dessus de moi.Je lève la tête, et je vois alors trois boules blanches passer, deux très hautes et une plus basse que les autres.

Au moment où je me concentre sur celle qui était la plus basse, je reçois un message vibratoire : " Changement imminent".

Dans ce message, je comprends que je dois cesser une activité de vente sur internet que je venais de commencer, et qu'il était temps de travailler dans la divulgation, de montrer au monde qu'ils sont là et que cela doit se savoir.

Dans la matinée, une amie me transfert une vidéo d'une personne qui d'ailleurs est un ami en commun qui fait des vidéos sur Youtube. Cette personne explique qu'il a reçu un message par canalisation et que ce message l'informait d'un changement imminent, le même que j'ai reçu au petit matin.

J'avais acheté une caméra nocturne depuis quelques semaines, mais je ne l'avais pas encore utilisée alors dès le lendemain, j'ai décidé de la prendre avec moi pour filmer un éventuel ovni.

Au matin du jour suivant, à 3heures 30 environ, pendant que je roulais en campagne en direction de mon travail, une forte lumière m'éclaire de l'arrière.

Je regarde dans le rétroviseur, mais je suis le seul sur la route alors naturellement, je regarde par la fenêtre de la voiture à ma gauche et là, je vois une boule de lumière blanche arriver vers moi.

Sans perdre un instant, je m'arrête sur le bord de la route, et sans précipitation, j'allume la caméra et je commence à filmer cette lumière qui me survole, elle était très basse, et très lumineuse.

J'ai changé de position 2 ou 3 fois, car des voitures commençaient à venir dans ma direction et je risquais de me faire percuter par l'une d'elles. Je ne pouvais pas imaginer que cette observation serait la première d'une longue série.

Dès que j'ai commencé à filmer, mes vidéos ont été partagées, visionnées dans le monde et j'ai réalisé que ce que l'on m'a demandé de faire a eu un résultat positif.

"Donnes un poisson à un homme et il mangera une fois, apprends-lui à pêcher et il mangera tous les jours"

Cette expression prend tout son sens si je partage mes connaissances pour qu'à votre tour, vous puissiez voir de vos yeux ce qui va vous rassurer sur la suite des évènements.

Si je peux toucher 10 000 personnes à moi seul, imaginez ce que nous pouvons toucher à nous tous et cela dans le but d'ouvrir des yeux encore fermés jusque-là à ceux qui doutent encore sur l'existence d'une vie extraterrestre, voire inconnue d'une intelligence supérieure.

Je ne suis pas Saint Thomas, c'est pour cela que je ne vous invite pas à voir pour croire, mais bien au contraire, à croire pour voir.

Si nos amis galactiques ne se montrent pas directement à l'humanité, c'est simplement parce qu'ils attendent que nous soyons prêts à les recevoir, car s'ils décident de venir à nous sous leur forme originelle, cela pourrait créer un choc qu'une grande partie de l'humanité ne saurait encaisser, comprendre et accepter.

Nous nous acceptons à peine entre humains alors imaginez avec une civilisation exogène avancée et différente...

L'homme a encore beaucoup à apprendre sur lui-même et sur les autres pour pouvoir vivre en communauté mondiale.

Présentation

Ce guide retrace mon vécu et vous invite à vous connaître et à respecter qui vous êtes et votre prochain. Il ne tient qu'à vous pour mettre en pratique mes techniques pour avancer mais vous devez le faire dans un but positif sinon, cela ne se fera pas.

Je ne suis pas vous, mais peut être que vous pourrez faire plus que moi, je vous le souhaite ! Soyez vous-même et le reste suivra dans l'amour.

L'amour est souvent représenté par la lumière, car c'est dans l'obscurité que vous êtes à la portée des forces du mal. La lumière est source d'information, c'est elle qui vous envoie les couleurs, les formes et les humeurs.

Avez-vous déjà brisé un câble de fibre optique ?

C'est de la lumière qui en jaillie car cette lumière transmet l'information pour alimenter vos moteurs de recherches internet.

Restez du côté de la lumière !

Bienvenue

<u>Bonjour et soyez les bienvenus dans le monde de SHEKINAH.</u>

Si vous lisez ceci, c'est que vous avez décidé d'apprendre une chose essentielle, une chose qui changera votre façon de penser, de croire, et de comprendre. Dans certaines de mes vidéos, on peut voir l'interaction qu'il y a entre ces boules blanches d'énergie et moi.

Il m'arrive d'être en voiture ou simplement d'être chez moi et je reçois un message vibratoire qui me dit " regarde au-dessus de toi, je suis là" et lorsque je regarde, une boule d'énergie passe.

Sa hauteur se situe bien souvent plus bas que les avions de ligne donc c'est assez bas (moins de 10 kilomètres/6miles US).

Je regarde cet Ami galactique et je lui envois de l'amour pour lui montrer ma reconnaissance envers lui et un sourire sincère car la sincérité vient de la pureté et généralement il me répond par un flash qui m'est traduit par " bonjour et merci mon ami".

Ce court échange est très bénéfique pour mon développement spirituel et pour la confiance en moi, une fois assez loin, je le remercie et je reste avec le sourire, heureux d'avoir eu ce court échange mais si revitalisant.

Photo extraite d'une de mes vidéos.

CHAPÎTRE 1

Un peu d'histoire pour commencer

Shékinah est un nom provenant du peuple Sumérien pour représenter l'amour pur envers le ou les êtres qui le reçoivent.

Cet Amour est le même que vous pouvez avoir pour tout être vivant, sur terre ou ailleurs. Voilà pourquoi il est également appelé le langage universel ou le langage de Dieu. Il n'a pas de limite en ce qui s'agit du récepteur, de la distance, et de la vitesse.

Shékinah, est une langue vibratoire, un langage qui provient de l'intérieur, une vibration qui est émise par notre énergie interne car tout est énergie et c'est par elle que l'information circule.

L'être qui reçoit un message vibratoire ne le comprend pas directement. Cette vibration est transcrite par le cerveau (dans la langue du destinataire du message), plus précisément par la glande pinéale si celle-ci est un peu ou bien décalcifiée.

Avant de plonger dans le monde de Shékinah, vous devez savoir que ce Langage n'est pas une religion et qu'aucune capacité n'est requise pour son utilisation et sa compréhension.

Grâce à cette technique que j'ai développée il y a bientôt 8 ans, j'ai découvert que je pouvais appeler des OVNIS (Objets Volants Non Identifiés) et que je pouvais interagir avec eux par le biais de la télépathie (un autre nom de Shékinah utilisé par les Hommes d'aujourd'hui).

Demander des Flashs, les diriger, et surtout, les voir de près (jusqu'à 500 mètres ou moins) sont des choses qui sont possibles. Des amis proches ont pu pratiquer ma technique et ont pu avoir de très bons résultats. Généralement, les personnes que je connais et qui ont testé ma méthode avec succès sont des personnes avec un bon fond donc, le résultat n'a pu être que positif.

Lors d'une soirée, une amie m'a demandé via Messenger de lui donner la technique pour appeler un ovni pendant qu'elle était sur son balcon. 2 minutes, plus tard une boule blanche est sortie de derrière une colline et est resté un moment en vol stationnaire en tentant de créer un dialogue vibratoire, mais mon amie n'était pas prête et m'a avoué avoir eu peur, malgré son excitation.
J'ai également découvert que je pouvais utiliser ce moyen de communication pour appeler des chevaux ou bien un seul que j'aurai décidé de contacter, ou qu'une tierce personne m'aurait invité à entrer en contact avec.

De plus, depuis ce jour, j'ai remarqué que lorsqu'une abeille ou guêpe entre dans ma maison, je n'ai qu'à lui montrer la fenêtre avec la main comme pour lui indiquer que sa présence n'est pas la bienvenue et qu'il est préférable pour elle de repartir.

Rapidement, l'intrue va ressortir naturellement de la même façon qu'elle est venue ainsi, aucun risque de la blesser et elle pourra retourner dans sa ruche sans soucis.

Ayant eu un travail où je commençais à 4 heures du matin, je devais prendre la voiture de nuit et il m'est arrivé de percuter des renards, lapins et furets, ce qui bien sûr ne me plaisait guère.

Lorsque j'ai découvert la communication avec les chevaux possible, je me suis dit que si j'avertissais les animaux susceptibles de traverser devant ma voiture, je pourrai les inviter à éviter de le faire et attendre que je sois passé franchir la route. Depuis, je peux voir, des renards, lapins, ou tout autres animaux sur le bord de la route, attendre que je passe.

Bien sûr, je ne peux leur éviter d'avoir un accident qui leur coûterait la vie avec un autre véhicule, mais j'essaie de faire en sorte pour que ce soit le moins possible, ce qui n'est pas chose facile.

Lorsque nous partons en famille pour de longs trajets, j'envoie également ce message vibratoire (la nuit surtout car plus de sorties) et j'ai un retour du nombre d'animaux qui ont reçu le message et en roulant nous surveillons le côté de la route pour voir et compter les animaux attendant notre passage.

Pour ce type de message, je visualise le chemin que je vais emprunter et j'envoie le message sur les abords de la route en visant bien tout animal susceptible de passer à travers la route. Le premier animal ayant attendu mon passage était un renard que j'ai croisé après avoir fait cette première demande. Il était assis au bord de la route, comme les chiens attendant une friandise.

J'ai quand même ralenti en le voyant pour ne pas le percuter s'il se décidait à traverser devant moi, mais il est resté là, et je ne l'ai pas vu dans le rétroviseur avec l'obscurité de la nuit mais il a dû traverser en sécurité. Evidemment, parfois, je ne suis pas le seul sur la route alors je leur demande de patienter s'ils le peuvent car le risque est gros.

Le Troisième Œil également appelé

"Œil d'Horus" en Egypte Antique

CHAPÎTRE 2

Le jour où tout a commencé :

Issus d'une modeste famille, nous avons grandi avec notre mère.

Ma mère étant d'origine espagnole et ayant ses les parents et membres de sa famille en Espagne, nous nous retrouvions seuls, sans grand confort mais tout l'amour de notre mère comblait ce vide familier et matériel.

J'avais 3 ans au moment de la séparation de mes parents et ma petite sœur 1 an mais mon grand frère qui avait 5 ans a lui moins bien vécu cette coupure avec notre père.
C'est donc sans père que nous avons été élevés, et modestement. A tel point que nous ne croyions pas au père “No Hell” car nous allions chercher nos cadeaux offerts par la ville dans laquelle nous vivions. Ce n'était pas grand-chose, des jeux de cartes, ou encore un jeu de société mais c'était mieux que rien, voir l'inverse...

Il nous a toujours manqué une présence masculine à la maison, un père pour soutenir notre mère et jouer avec nous et pour nous punir lorsque nous faisions des bêtises et cela s'est répercuté sur nous.

Vers l’âge de 7/8 ans, j’étais très frustré, j’étais le deuxième enfant et j’avais l’impression que je n’étais pas à ma place. Bien sûr, je n’étais pas délaissé, ma mère nous a tous élevés avec le même amour mais il y avait quelque chose qui me perturbait. Je sentais que quelque chose n'allait pas correctement et qu'il y avait quelque chose à faire, quelque chose pour changer,quelque chose mais quoi ?

Un jour, alors que je me sentais très bas énergétiquement, je me suis enfermé dans les toilettes et j'ai pleuré comme si j'avais mal, mais je ne peux pas décrire ce que je ressentais car c'était à l'intérieur, très profond. J’ai alors regardé vers le ciel et j'ai fait une prière.

Je l’ai adressée à qui voulait bien l’entendre pour pouvoir l’exaucer. Je n’ai pas demandé la Lune, mais presque… En effet, j’ai souhaité être différent de tous, et ce qu’il s’est passé par la suite m’a prouvé que ma prière a été entendue.

Nous n'étions pas croyant, nous n'avons pas fait notre catéchisme ou suivi de cursus de l'église, mise à part notre baptême que d'ailleurs je n'avais pas demandé.

Ma famille espagnole est très croyante mais nous n'allions pas à l'église donc nous étions plus athées qu'autre chose. Nous habitions donc dans un immeuble situé dans un quartier très peu réputé. La police avait même interdiction d'y pénétrer, c'était comme dans les films !

Nous étions au huitième étage et je dormais dans la même chambre que mon frère, chacun son lit. Le mien était près de la fenêtre. Le soir j’avais pour habitude de tourner la tête vers la droite pour regarder la lumière de la rue s’infiltrer à travers les volets jusqu’à l’endormissement.

Mais ce soir-là après avoir fait ma prière, je me lève dans la nuit pendant que tout le monde dort, je me dirige vers le salon où les volets de la fenêtre ne sont pas baissés, j’ouvre la fenêtre et là, je vois notre oiseau qui planait juste là dehors, devant la fenêtre. Bien sûr, ce n’était pas notre oiseau, le vrai était dans sa cage mais celui-ci était immense, il devait mesurer 3 ou 4 mètres d’envergure mais je n’avais pas peur.

J'appris par la suite que pour certaines abductions, ces entités exogènes envoient une image pour instaurer un climat de confiance pour faciliter l'enlèvement ou la manipulation mentale. Dans mon cas il s'agissait de Marcel, notre oiseau que j'aimais beaucoup.

Je reconnu notre oiseau et donc j’avais confiance en lui alors, j’escaladai la fenêtre et je passe à travers puis m’installe sur son dos. Une fois sur son dos, il se retourne et nous voilà en train de survoler notre ville, Charleville-Mézières dans le nord-est. Nous survolons les maisons, les rues de mon quartier, et nous passons au-dessus de la Meuse, le fleuve qui traverse notre ville et qui n’était pas très loin et soudain voilà que nous montons vite et devant nous se présentait un arbre dans le ciel, et au milieu de ce dernier il y avait un trou, vous savez ce trou où dorment les hiboux dans nos dessins à l'école.

Nous nous approchons de ce trou qui en fait est plus grand qu'il ne le parait car nous y plongeons et nous retrouvons dans l'obscurité totale. J'ouvre les yeux et je m'aperçois que je suis dans un endroit étrange, une grande salle très lumineuse, et très large par rapport au plafond qui semble plus bas. Je ne suis pas seul mais les autres personnes sont comme endormies mais se tiennent debout à la file indienne.

En fait, je suis moi aussi à la file indienne et les gens devant moi sont tous dirigés vers la même direction comme s'ils savaient pourquoi ils étaient là. Je gigote un peu, je me retourne, je regarde autour de moi et d'un coup, je replonge dans le noir, comme si on avait découvert que je n'étais pas endormi comme les autres et qu'on m'avait débranché, éteint.

Je me réveille dans le noir, je suis allongé dans un lit, je tourne la tête vers la droite, pour voir la lumière à travers les volets de ma chambre, mais il n'y a aucun volet alors je regarde à ma gauche et je vois les volets supposés être à ma droite.

Je ne comprends pas ce qu'il se passe, je commence à paniquer, j'appelle ma mère qui arrive et qui allume la lumière du salon. Je vois alors que je suis couché dans le lit de mon frère à son opposé, à côté de ses pieds, je ne me souviens pas d'une odeur particulière si vous voulez savoir... :-p

Depuis ce jour, j'ai commencé à avoir des prémonitions sur des choses qui allaient se produire dans la journée.

Je faisais également des rêves prémonitoires sur les jours et années à venir. Certains rêves étaient lucides et j'avais conscience qu'ils s'agissaient de rêves car je pouvais voir comme un programme de déroulement et je m'y opposais car je ne voulais pas cette suite alors je modifiais l'histoire.

Il m'arrivait de faire des rêves où je vivais plusieurs mois comme si j'y habitais. Je vivais normalement, avec ma famille et je rêvais même dans ces rêves. Le rêve le plus long a duré 4 mois et à mon réveil, c'est comme si j'étais une momie sortie d'un tombeau après avoir dormi 1000 ans.

Je rêve encore très souvent et cela arrive encore que je fasse les mêmes rêves que lorsque j'étais petit, alors on peut dire que je les connais et je les modifie car sinon cela me lasse.

Il y a souvent un rêve où je suis sur une planète, ailleurs que sur terre et je suis dans une petite ville avec d'autres habitants, nous nous connaissons, et à un certain moment, je lève la main vers le ciel et je m'envole comme Superman.

Avec mes expériences, j'ai appris que ce type de rêve lucide n'est pas un rêve mais un souvenir quantique, un souvenir d'un temps passé, d'une autre vie,voire future! Un jour, alors que je jouais avec mon frère dans le salon, le téléphone de la maison se met à sonner. Machinalement, je me redresse et je dis : c'est Papa !!

Mon frère, si absorbé par le jeu et ma mère, ne m'ayant pas entendu, personne n'a remarqué ma réaction inattendue.Alors ma mère saisit le téléphone et s'enferme dans sa chambre pendant au moins une heure. J'attendais qu'elle sorte pour lui dire que je savais qui avait appelé.

En attendant, je continuais de jouer avec mon frère quand elle sortit de sa chambre et dit : c'était votre père, il veut vous revoir. Je lui raconte que je le savais avant qu'elle décroche mais si perturbée par cet appel, elle ne prêta pas attention à ma remarque. Cela faisait environ 5 ans que nous vivions sans lui et je n'avais pas le souvenir d'avoir prononcé le mot Papa, tant c'était loin dans mes souvenirs.

CHAPÎTRE 3

Souvenir d'ailleurs

Environ un an après, j'ai un souvenir qui me revient, un moment de ma vie qui n'appartient pas à celle-ci.

Dans ce souvenir, je suis devant la porte d'une maison de ville. Je regarde à droite, je regarde à gauche, j'attends que quelqu'un ouvre la porte devant laquelle je suis.

Un bruit de serrure attire mon attention, en haut des trois marches la large porte s’ouvre et laisse apparaître un homme très grand, vêtu d'un costume, cravate et portant une grande barbe bien taillée. Cet homme me laisse passer et j'entre, puis il referme la porte derrière moi.

Un long couloir se présente à moi avec à ma droite un escalier qui mène à l'étage, en face derrière l'escalier la cuisine apparaissait en partie avec d'anciens meubles. Sur ma gauche une double porte ouverte me laissait voir un grand séjour, avec au centre une grande table rectangulaire en bois, de grands tableaux accrochés sur les murs et une cheminée éteinte.

Je raconte donc à ma mère ce qui est pour moi un souvenir tant c'est lucide. Je ne pouvais l'avoir rêvé avec tous ces détails puis elle me parle alors de son beau-frère, Javier, le mari de ma tante à Madrid.

Le problème est que cet homme est décédé deux ans avant ma naissance et je ne l'ai donc jamais rencontré et je ne suis même jamais allé chez lui. De plus, nous n'avions ni photos ni vidéos de cet homme que je n'ai vu que dans mon souvenir.

Des années plus tard, lorsque j'en ai parlé à ma tante, elle s'est mise à pleurer quand j'ai parlé de ce souvenir, de cette maison où elle a vécu. Elle a confirmé tous les détails que je lui ai donnés et jusqu'à la tenue vestimentaire de mon oncle mais elle n'a jamais compris comment j'ai fait pour avoir ces informations.

Mon cousin, qui était dans le ventre de sa mère n'a pas connu son père lorsqu'il est né et moi, je suis né 2 ans après donc, il est certain que je n'ai jamais rencontré mon oncle.

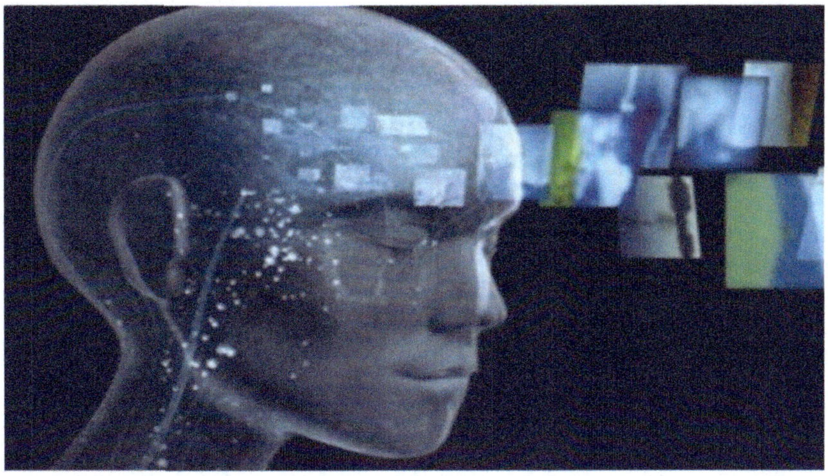

Certaines zones du cerveau demeurent un mystère

CHAPÎTRE 4

Une pêche pas comme les autres

J'ai environ 15 ans quand, nous allons à la pêche avec des amis le long d'un fleuve près de chez nous.

Malgré nos appâts et nos belles cannes à pêches, nous n'attrapons aucun poisson tandis qu'un homme qui se tient un peu plus loin sort sans cesse des poissons sous nos yeux ébahis.

A la fin de la journée, je me décide à aller lui demander comment il fait et là, il me répond que pour que le poisson morde, il faut lui donner envie de mordre, non grâce à l'appât mais en lui demandant gentiment. Sa réponse me surprend, alors il me montre comment il fait. Il pêche à la dandinette, c'est une technique qui consiste à placer un poids de 20 grammes à une trentaine de centimètres au-dessus de l'hameçon sur lequel un ver de terre est fixé.

Le monsieur jette la ligne très loin et commence à parler au poisson tout en ramenant la ligne avec le moulinet et en donnant des à-coups : " Venez mes amis, vous savez que je suis un très bon cuisinier et que si vous mordez à ma ligne, je vais vous écailler, vous vider, et vous faire cuire avec du bon beurre... "

Là, en ramenant sa ligne il me dit calmement : " j'en ai un !". Je surveille le fil qui glisse sur l'eau et plus il se rapproche et plus l'eau bouge, et une fois assez près, je peux voir qu'un poisson est fixé à l'hameçon. Le pêcheur lève sa canne et sort le poisson de l'eau. C'était une belle perche arc-en-ciel.

Le lendemain, nous sommes revenus mais le monsieur n'était pas là, nous disions en rigolant qu'il avait sorti tous les poissons du fleuve alors on a voulu voir s'il restait quelque chose pour nous. J'expliquais donc à mes amis la technique du monsieur et nous jetions nos lignes à l'eau.

Rapidement, les uns après les autres, nous sortions des poissons avec une grande joie car nous pensions qu'il ne restait plus rien. Je dois avouer que ce fût la meilleure partie de pêche avec mes amis.

Je voulais tant croire que cette technique était bien réelle et qu'il suffisait de demander aux poissons de mordre avec une recette à la clé, et cela a payé !

A nous 5, nous avons pêché 101 perches !

Quelle journée !

CHAPÎTRE 5

Un Boomerang dans la nuit

Quelques mois plus tard, un soir au mois de Juillet ou Aout, vers 23 heures alors que nous sommes entre copains dehors sur un banc à discuter de filles et d'autres bêtises de notre âge, mon regard est attiré vers le ciel.

En effet, il y a quelque chose d'énorme qui se déplace silencieusement sans faire de fumée. Cette chose qui volait avait des lumières émises par de gros spots alignés donnant à l'objet une forme étrange, celle d'un boomerang! Un énorme boomerang qui se déplaçait vers l'Ouest à basse altitude dans un silence tel que cela semblait irréel.

Je demande à mes amis de se retourner pour voir ce que j'observais et nous l'avons tous regardé se déplacer légèrement et lentement. L'un d'entre nous, j'oublie lequel dit : C'est quoi ce truc ? C'est un boomerang volant ?

Et un autre à son tour : Arrêtez vos bêtises, c'est un avion ! Mais pour moi, il n'y a aucun doute, sa taille n'est pas celle d'un avion, c'est bien trop grand et surtout à cette hauteur, il doit mesurer 1 ou 2 kilomètres.

A cette époque nous n'avions pas de téléphone ni caméra pour immortaliser cet instant magique. Des années plus tard (environ 18ans), j'appris sur internet que ce boomerang avait été vu à Bouillon (Belgique) 1 heure avant et que la direction de cet objet était Charleville Mézières, là où nous vivions.

Cet évènement se produit peu après la Fameuse vague Belge, une période entre 1989 et 1991 où des milliers de personnes, policiers et militaires compris ont vu des vaisseaux ou ovnis dans une partie de la France, mais surtout en Belgique.

Beaucoup de témoignages de policiers, militaires et civiles peuvent en témoigner.

D'ailleurs, des avions militaires de type F16 ont pourchassé ces ovnis sans jamais les approcher suffisamment près, car leur vitesse pouvait passer de 0 Km/h à vitesse infinie en 1 seconde. Ils réapparaissaient des kilomètres plus loin, voir juste derrière les avions militaires. Ces incidents font partie de l'histoire ufologique. De cette expérience avec mes amis, nous n'en n'avons jamais reparlé entre nous mais ce moment est resté gravé à jamais dans ma mémoire.

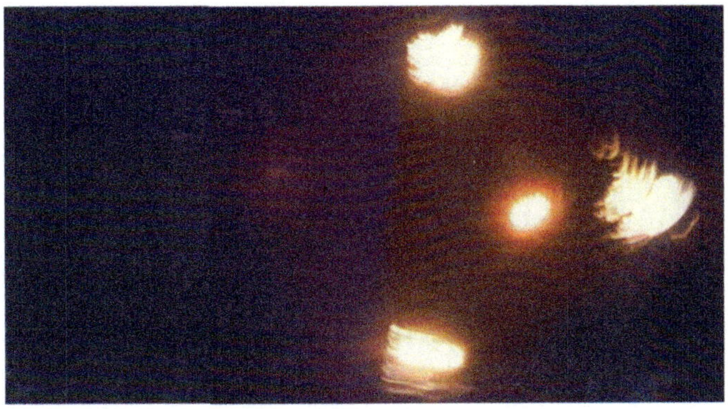

Ovni photographié pendant la vague Belge

CHAPÎTRE 6

I believe i can fly

J'avais installé un petit panier dans la cave de notre immeuble et nous nous retrouvions avec des amis pour faire des matchs, et des concours de smash ou plutôt de Dunk (pour les connaisseurs).

Rapidement avec un peu d'entraînement, je savais me débrouiller ; dribler, passer la balle entre les jambes...

Mais pour moi, une chose était essentielle et cela manquait pour être un basketteur complet, c'était le smash sur un panier à taille règlementaire.On me reprochait souvent d'être trop lourd, d'être en surpoids mais je savais qu'en me concentrant je pouvais arriver à faire des Dunks et, un jour, lors d'un Match, je me suis concentré et j'ai smashé devant tout le monde qui me félicita.

Cette action que je venais de faire a fait le tour du département car à notre niveau, personne ne pouvait atteindre le panier. Un hasard que j'y sois parvenu ?A l'entraînement, j'expliquais à mes amis comment je faisais pour me concentrer mais ils ne me prenaient pas au sérieux, malgré que certains d'entre eux faisaient ma taille ils n'y arrivaient pas.

Je fermais les yeux, me concentrais et je me disais que rien ne peut m'empêcher de voler car je suis libre ! Alors, je prenais un peu d'élan et montais au Dunk. Cela les amusait de me voir le faire et moi, et bien, ça me faisait plaisir de les amuser car smasher n'est pas donné à tout le monde et ça me procurait un bien fou.

Joueur de basket effectuant un Dunk

CHAPÎTRE 7

Coup de foudre à Charleville-Mézières

Je venais d'avoir 18 ans lorsque j'ai vu une jolie fille dans le bus, c'était la première fois que je la voyais et je savais qu'elle descendait au dernier arrêt tout comme moi car on ne pouvait pas aller plus loin avec le bus. Son reflet dans la vitre me plaisait et je me disais que peut être nous pourrions faire connaissance, mais j'étais trop timide.

Une fois le bus arrêté à mon arrêt, je suis sorti le premier et, arrivé à une dizaine de mètres je me suis retourné pour la regarder et là, en l'espace d'une microseconde, j'ai eu une vision. Dans cette vision qui a duré le temps d'un éclair, je me suis vu marié avec cette parfaite inconnue et nous avions des enfants. Peu après (11 ans) nous nous disions oui, et nous sommes toujours ensemble avec nos enfants, 24 ans se sont écoulés.

Je peux dire que j'ai vécu plus de temps avec ma femme que j'en ai vécu en tant que célibataire !

Ah, l'amour...non non ce n'est pas nous sur cette photo :-p

CHAPÎTRE 8

I have a Dream

Une nuit, j'ai rêvé que nous étions à l'entraînement de basketball,

tout se passait normalement jusqu'à ce que l'équipe de Michael Jordan, "les Chicago Bulls" pénètre sur notre terrain pour s'entraîner à leur tour. Nous nous asseyons sur le côté pour les regarder jouer, tous heureux de les voir. Sur une action, Michael Jordan sauve un ballon qui allait en touche et se foule la cheville et arrête de jouer sur avis des médecins du club. Le lendemain, je vois mon ami avec qui je jouais au basket et chez qui nous allions voir des Matchs en direct sur DSF, une chaine télévisée allemande.

Ce soir-là, le match imposait Chicago contre l'équipe de Grant Hill, les " Detroit Pistons".

Tout se passait bien pour Chicago, jusqu'à ce que Jordan sauve une balle qui allait en touche et se fasse une entorse à la cheville, ce qui l'obligea à finir le match sur le banc. Mon ami et moi nous sommes regardés d'étonnement car cela correspondait à ce qu'il s'était passé dans mon rêve. Encore une étrange chose venait de m'arriver.

Michael Jordan, le fameux numéro 23 des Chicago Bulls,

considéré comme le meilleur athlète de tous les temps

CHAPÎTRE 9

Le regard ailleurs

Plus tard, après avoir vu un match de basket chez mon ami, nous restons là, fatigués. Lui allongé sur le canapé et moi assis sur un siège où je m'enfonce de sommeil.
Il est très tard, environ 3 ou 4 heures du matin lorsque j'entre-ouvre les yeux vers mon ami et là, une chose étrange, je ne vois pas sa tête, comme si elle n'était plus là. Ce qui laisse place à un manque d'image, une zone sombre.

Je me frotte les yeux pour revenir un peu à moi mais cela n'y fait rien, le visage ne réapparaît toujours pas. J'insiste un peu plus et là, je vois un visage qui n'est pas le sien. J'explique à mon ami ce qu'il se passe alors qu'il pense que je me moque de lui et je commence à décrire la tête que je vois. Une information me parvient, c'est son grand-père, le père de sa Maman, qu'il vit au Maroc, qu'il a une maladie aux yeux et qu'il est malade.

Après avoir donné les détails sur cette personne, mon ami réalise que je ne plaisante pas et que je vois bien son grand-père, lui qui vit au Maroc à ce moment-là. Je ne l'ai jamais vu avant et même après car il est décédé quelques mois plus tard.

Le lendemain de cette expérience, mon ami qui avait raconté ce qu'il s'était passé à sa mère me demande de passer à la maison. Elle m'attendait avec une photo de son père pour voir s'il s'agit de la même personne et oui, c'était bien son papa.

Elle me confirme les détails sur sa santé, les mêmes que j'ai donnés à mon ami la veille. Après cette nuit, j'ai appris à développer cette capacité à voir à travers les yeux des personnes. Je peux voir des membres de familles vivant aussi bien loin que près de nous. Je peux dire où ils habitent, leur façon de s'habiller, leurs habitudes et même leur profession.

J'ai pu pratiquer cette vision sur tous les amis du quartier qui faisaient la queue pour que je les regarde et que je leur dise ce que je voyais.

Pour certains, je pouvais voir le prénom et même des membres de la famille abandonnés ou des personnes décédées.

Bien d'autres expériences du même type me sont arrivées, pendant les années qui suivirent.

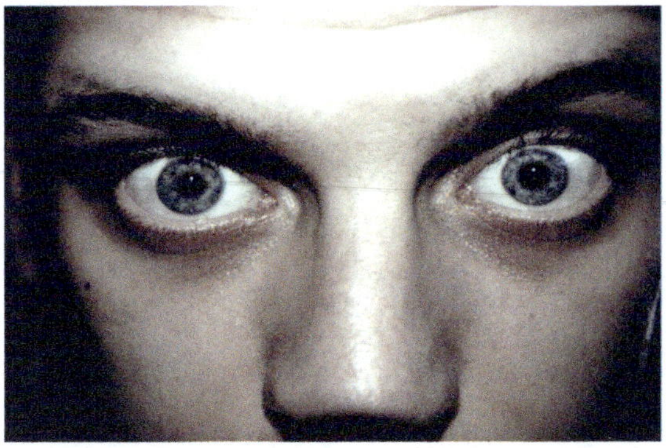

Les yeux sont le reflet de l'Âme, voilà pourquoi vous
vous aimez lorsque vous vous regardez dans une glace.

CHAPÎTRE 10

Les boules rouges/orangées

Le soir du 16 juin 2012, je suis chez moi pendant que ma femme et mes enfants sont à un spectacle dansant d'une amie de ma fille dans une ville voisine.

Une fois revenus, nous nous couchons vers 23heures et à 23heures25 alors que je ne dors pas encore, une lumière rouge attire mon attention à travers le vélux.

Je me lève et me mets à la fenêtre. Là, je vois des boules rouges/orangées survoler Briey, une ville à 7 kilomètres de chez moi.

Ces boules sont plus basses que les nuages, à environ 1 kilomètre de hauteur.

J'appelle ma femme pour qu'elle vienne voir car je ne veux pas qu'elle pense que j'invente. Une fois tous les deux à la fenêtre, nous réalisons que ces boules sont très grosses et que ce ne sont pas des lanternes thaïlandaises.

Ces boules de lumière se dirigent vers l'Est, très lentement et restent en formation tel un groupe militaire. Deux boules ouvrent la marche et cinq autres les suivent en retrait. Ma femme et moi avons peur et nous sommes excités en même temps, la fraîcheur de la nuit n'arrange pas les choses. Une fois le peloton passé, un autre groupe de deux boules arrive comme pour fermer la marche.

Nous filmons depuis le début avec un téléphone portable que je viens d'acheter et dont je ne connais pas le rendu une fois ayant terminé de filmer. Nous les observons jusqu'à ce qu'ils disparaissent au loin, et cela a duré plus de 10 minutes. (Pour information, la bougie d'une lanterne Thaïlandaise brule de 5 à 6 minutes par mesure de sécurité)

Le lendemain, à mon réveil, je vérifie que je n'ai pas rêvé en regardant la vidéo sur mon téléphone et c'est bien arrivé. Je contacte les services de police pour savoir si quelqu'un a déjà fait une déclaration sur cette observation ou un bien demandé une autorisation pour un lâcher de lanternes Thaïlandaises, mais rien n'a été déclaré.

Comme si ma femme et moi sommes les seuls témoins. J'avais vu un reportage sur une histoire en France où un ovni avait survolé une région à basse altitude et avait endormi toutes les personnes ayant été sur son passage. Ces personnes se sont réveillées le lendemain vers midi, et parmi elles, il y avait même des politiciens.

J'ai pensé que lors du passage des boules rouges/orangées, les personnes ayant été sur leur passage ont non été endormies mais interdites de les voir ou bien d'y faire attention ou encore cela a été supprimé de leur mémoire. Un peu loufoque? Rien n'est impossible.

Après avoir même questionné des personnes habitant à Briey, personne n'a rien vu ni entendu quoique ce soit. Je prends alors contact avec le journal régional pour rapporter les faits mais au début ils me prennent pour un fou.

Ils changent d'avis en voyant ma vidéo sur un logiciel qui fait transparaître les boules comme étant plus grandes qu'un hélicoptère, et dont la taille de chaque boule est estimée par le technicien en imagerie du journal à environ cent mètres de diamètre.

En 2018, un ami du village m'affirme qu'avec sa femme, ils ont vu ces boules rouges/orangées en 2012 et qu'ils ont eu également peur d'en parler, et même peur en les voyant. Le soir du 17 juin 2012, soit, le lendemain de cette observation avec ma femme, je lui propose de surveiller le ciel au cas où cet événement se reproduit.

Nous attendons quelques instants avant que ma femme remarque une lumière dans le ciel filant à la vitesse d'un avion de ligne sans bruit et sans laisser de trace et à un moment, cette boule de lumière s'arrête net dans le ciel comme si elle détecte que nous l'observons et qu'elle ne veut pas qu'on s'intéresse à elle.

Evidemment, un avion est incapable de s'arrêter de cette façon.Cette lumière une fois arrêtée, suspendue dans le voile stellaire est comparable à une étoile. Elle reste à cet endroit moins de cinq minutes puis fait un mouvement de virgule pour disparaître à grande vitesse. Fatiguée d'attendre, ma femme se couche et je reste là, à observer le ciel quelques instants de plus jusqu'à ce que je me remémore une émission que j'avais vue dans laquelle ils disent que les êtres de l'espace ne communiquent pas avec leur bouche mais par télépathie.

Le ciel était très étoilé, et j'ai une vue sur le Sud Est, aucun nuage, juste le ciel et moi. Je cherche un point de repère, une étoile bien particulière, seule ou bien très éclairante, facile à retrouver parmi toutes ces constellations et étoiles qui tapissent le ciel. Là, je remarque une étoile fort brillante que je choisis en tant que repère.

Je ferme les yeux pour me concentrer, en formulant une phrase, mais pas n'importe laquelle, celle qui invite des boules lumineuses à passer devant cette étoile que j'ai choisie.

Cette phrase, la voici :

Bonjour chers frères de l'espace, je suis Ufoman de la planète Terre, et je suis votre ami. J'aimerai si vous le pouvez, que vous veniez et que vous passiez devant cette étoile (j'ouvre les yeux et je fixe l'étoile que j'ai choisie)

Pendant que je regarde l'étoile, je me concentre dessus comme si j'étais l'étoile, plus rien ne compte autour de moi, je suis l'étoile un instant, le temps d'envoyer mon message à partir de mon troisième œil, qui se situe au milieu du front, juste au-dessus des sourcils. J'envoie ce message en imaginant que je suis un émetteur et que ce message parcoure le monde pour arriver à ceux qui le recevront.

Ce soir-là, 4 boules blanches viennent tour-à-tour et passent devant l'étoile que j'ai désignée. Chaque boule flashe au moment que je leur donne par la pensée. La dernière boule survole ma maison et je montre à ma femme ce que je suis capable de faire, et elle aussi est surprise, avec une pointe de peur.Une fois le message envoyé, je reçois un message sous forme de vibrations qui m'indique dans combien de temps il y aura un passage.

Ce temps est généralement en minute, et si votre demande est pour une apparition (avec expérience) ils peuvent apparaître sur demande au-dessus de vous. Pour faire cette demande, vous l'aurez compris, vous avez besoin de croire en eux et je dirai même de savoir qu'ils existent, qu'ils sont là. Vous devez avoir confiance en vous et être sûr de ce que vous faites. L'élément clé de cette démarche est l'Amour car c'est l'amour qui ouvrira votre cœur et déverrouillera votre glande pinéale pour accéder à ses vertus.

Mon Logo représentant
mon Shékinah

CHAPÎTRE 11

Visite nocturne

La même année, une nuit alors que nous dormons un voisin avec qui j'ai échangé sur le sujet m'appelle au téléphone. Il m'explique qu'au-dessus de ma maison il y a une boule blanche énorme et qu'elle ne bouge pas.Sans hésiter je saute de mon lit, j'ouvre la fenêtre de toit puis je monte sur une chaise pour mieux voir et là, l'impensable, une sphère d'une blancheur éclatante se tenait là à moins de 100 mètres.

Sa clarté ne m'aveugle pas malgré que je sorte de mon lit, c'est irréel mais je ne rêve pas. Cette boule émet une lumière pure et puissante qui me subjugue. Je veux prendre une photo avec mon téléphone et filmer avec un camescope que je viens d'acheter mais je ne peux plus descendre de la chaise, je ne veux pas perdre une seconde de cette occasion extraordinaire.

Cette Boule de lumière m'envoie de l'amour, une force qui me rassure, un message qui me dit "Ne t'inquiète pas, nous sommes là". J'ignore depuis combien de temps je suis à la fenêtre mais je sais que je peux y rester des heures que cela ne me gênerait pas tant je me sens bien.

Je suis comme au paradis, ailleurs, quelque part où je ne me soucie plus du monde qui m'entoure. A un moment, cette boule remonte lentement puis disparait dans le ciel obscur. La sensation que j'ai ressentie lors de cette expérience, c'est que l'on m'aime et que cet amour vient du ciel, un amour très puissant et infini.

Le lendemain, mon voisin qui a observé la scène de sa fenêtre m'avoue qu'il ne pouvait plus bouger et qu'il avait eu peur, d'ailleurs, depuis ce jour, il ne me parle plus de la même façon et il me fait même comprendre qu'il ne souhaite plus en parler, peut-être n'aurait-il pas dû assister à cette observation.

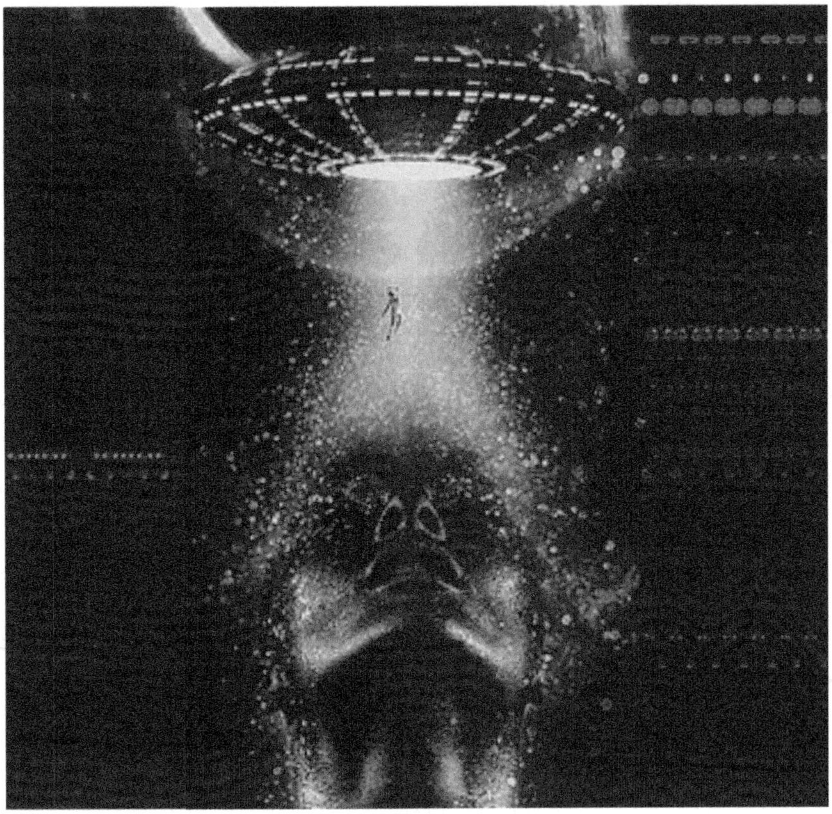

Les effets sur moi de la Lumière
provenant de ce Visiteur

CHAPÎTRE 12

"THEY LIVE" version REEL !!

Un dimanche de 2017, je me réveille avec ma femme et comme un robot, automatiquement j'active les données de mon smartphone. Toutes sortes de notifications commencent à arriver ainsi que des messages. L'un deux provient de ma sœur, je l'ouvre et je découvre une image m'invitant à appuyer sur la touche "image" du menu de Messenger pendant 3 secondes ainsi je verrai ce qu'il va arriver.

Répondant à cette demande, j'appuie sur ce fameux lien 3 secondes et là, je découvre que ma caméra vient de s'allumer en mode selfie. Je comprends donc que je dois annuler pour ne pas être pris en photo alors je glisse le doigt hors du lien puis la caméra se désactive.

Trouvant ce piège sympa, je le transfère immédiatement à mes contacts. Après plusieurs dizaines d'envois, Messenger me propose des amis de mes contacts alors je me dis "pourquoi pas, mais uniquement aux jolies filles" oui je sais ce que vous allez penser, mais bon, tant qu'à choisir, ça peut être drôle après tout.
Je rejoints ma femme pour déjeuner et je lui raconte à propos de ce message et au bout d'un moment alors que nous déjeunons, je commence à recevoir des photos de mes amis.

Certaines sont drôles car ils sont encore au lit, les yeux collés, d'autres déjeunent puis certains même, sont au travail (c'est moins drôle...).

Puis, après un instant, je reçois une première photo disons, étrange. Justement elle provient d'une jolie fille que je ne connais pas.
A première vue c'était raté, mais en analysant un peu, on arrive à voir les yeux, un museau, la bouche et quelque chose ressemblant à des oreilles.
Ma femme en rigolant me dit : " Tiens c'est peut-être un extraterrestre ?

Juste après, je reçois une nouvelle photo d'une autre fille, mais cette photo est plus détaillée. En effet, on peut voir la posture, les yeux, quelque chose qui ressemble à un museau et des oreilles.

Là, c'est sûr, il y a vraiment quelque chose d'étrange. Sur les deux photos, ce ne sont pas des visages de chaire comme les hommes mais plutôt énergétique, comme des vibrations. Je laisse le portable de côté cinq minutes, le temps de terminer de déjeuner et de débarrasser la table. Je saisie mon téléphone à nouveau pour revoir ces deux photos qui ont attiré mon attention et là, les deux messages provenant des deux filles ont disparu !

Je m'écris "Mince, ce n'est pas possible !" personne n'a touché à mon téléphone, ni encore moins à mon compte à partir de l'ordinateur qu'il y a dans le salon. Comment est-ce possible ? Très intrigué par cette situation, je demande à Facebook s'il est possible d'effacer des messages envoyés à une personne via Messenger. Ils me répondent alors que "non", c'est impossible sauf si les personnes ont les identifiants et mot de passe. Là je me dis ok...
Je me souviens alors que ces deux personnes ont des amis en commun et qu'il est même fort possible qu'elles soient amies.

Cela n'explique pas comment elles ont pu effacer les messages, comme par hasard les deux qui m'intéressent vraiment !
Ma femme qui me voit embêté me dit que ce n'est pas grave, que ces filles-là ne voulaient pas qu'on les reconnaisse.
Et là, je me dis "Bingo !" elles ne voulaient pas qu'on les reconnaisse car elles auraient pu avoir des problèmes, mais quel type de problème ? Si vraiment il s'agit de photos ratées, après tout, quelle est l'importance ? En plus je ne les connais pas.

Donc le problème vient de ces photos car elles ont de l'importance, car elles sont réelles et non ratées. Je me souviens alors du film "They Live" réalisé par John Carpenter. Ce film raconte que parmi les humains, des extraterrestres sont dissimulés sous couvertures humaines seulement reconnaissables avec des lunettes de soleil fabriquées par un groupe de rebelle.

Mais je n'ai plus les photos, cette situation me perturbe bien.

Je n'ai le smartphone que depuis quelques jours et n'ai pas encore vu toutes ses fonctionnalités ni paramètres. C'est en navigant dans le menu que je trouve dans le menu "images" un sous menu appelé " Messenger". Je l'ouvre, et vois des gifs et photos envoyés et reçus par mes contacts quand soudain, je me souviens de ces deux photos. Je descends dans le menu et là, à ma grande surprise je retrouve les deux photos intactes, comme le premier jour.

Directement je fais une capture d'écran au cas où elles viendraient à disparaître.
En analysant avec plus d'attention je ne peux qu'admettre qu'il s'agit en fait de photos authentiques et réelles. Les deux filles ont été surprises par la photo et n'ont pas pu se montrer en tant qu'humaine.
Un dimanche matin, il est plus que probable qu'elles soient à la maison tranquille, peut-être même en famille mais sans avoir besoin de cacher qui elles sont réellement.

Mais cela n'explique pas comment elles ont pu supprimer les messages et aussi rapidement...

Depuis ce jour, j'ai beaucoup enquêté sur cette situation et j'ai appris que la planète Terre a 4,5 milliards d'années et que notre galaxie en a 14,5 milliards.
Imaginons qu'une civilisation ayant ne serait-ce qu'un milliard d'année de plus que nous a dû développer certaines capacités psychiques et d'adaptation.

J'ai contacté des médiums de divers pays en leur montrant ces deux photos et, sans donner d'information, ils m'ont tous confirmé comment je les avais obtenues et qu'elles étaient authentiques, des vrais Extraterrestres non humains.

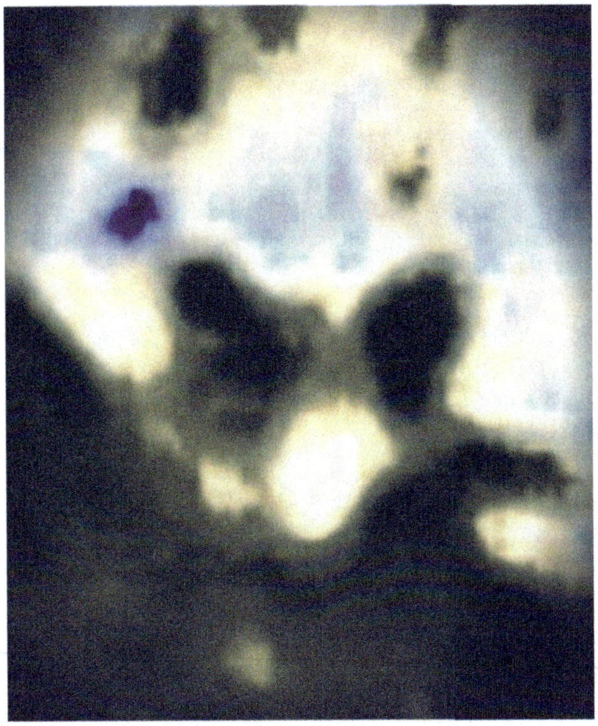 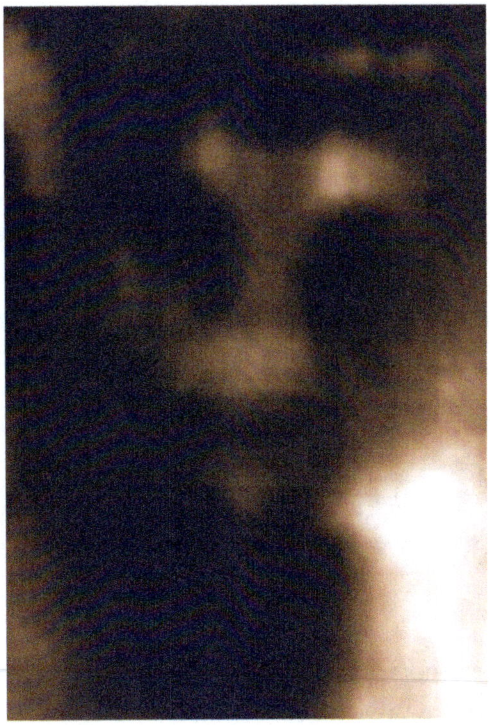

Qu'en pensez-vous ? N'hésitez pas à me le dire, pleins de personnes ont tenté de les reproduire avec Photoshop et autres applications...c’est comme refaire votre portrait avec une application... IMPOSSIBLE!

Aujourd’hui certains hommes sont capables de faire des choses extraordinaires comme les médiums, les guérisseurs ou les coupeurs de feu. Pourquoi une ou plusieurs autres races antérieures à la nôtre n’existeraient pas et sauraient se fondre dans la masse pour vivre et profiter des mêmes plaisirs que les hommes comme : voyager, faire du sport ou bien même pour le plaisir charnel.

Vous devez savoir que lorsque le cœur de l’Homme s’arrête de battre, il perd 21 grammes. C’est le poids de l’énergie qui nous permet de vivre, elle est plus communément appelée “l’Âme”. Je vous ai expliqué précédemment que nous n’étions qu’énergie et donc, notre corps nous sert de moyen de transport, de plus, comme vous l’aurez compris, la glande pinéale a des vertus incroyables lorsqu’elle est bien propre.

A présent, admettons qu’une civilisation vieille d’un milliard d’années, qui ait développé la capacité d’utiliser une couverture humaine (mortelle), puisse facilement contrôler consciemment sa naissance, sa mort ainsi que sa réincarnation.

Il est dit que nous ne naissons qu'une seule fois, je vous parle de la naissance Divine, chaque vie que nous vivons crée des souvenirs ainsi que des expériences, et tout ceci est gardé dans des mémoires quantiques, comme un disque dur externe auquel nous avons accès uniquement dans le subconscient (conscience-subtile).

Ne vous est-il jamais arrivé de rêver que vous êtes quelqu'un d'autre ? Avec des scènes si précises et claires qu'il a fallu les vivre pour les avoir car votre mémoire actuel ne connait pas ces informations.

Ce ne sont pas des rêves mais bien des souvenirs "quantiques" de vos vies passées, mais simplement, vous ne vous en souvenez pas en étant réveillé car cela fait partie du contrat.

A la mort d'une personne, son énergie retourne au Divin avec ses expériences et elle a deux choix qui se présentent à elle : elle continue d'apprendre (ce qui est le principe même de la vie) ou bien elle arrête. (On recycle bien du verre, métal, plastique, pourquoi ? Leur redonner une nouvelle vie !)

Si elle continue, elle revient sur Terre incarnée sous une nouvelle apparence avec de nouvelles expériences à vivre, aussi bien des bonnes que des mauvaises. L'apprentissage se fait dans la diversité et dans tous les niveaux.

Voilà pourquoi vous ne vous souvenez pas aisément de ces vies passées, sinon ce serait de la triche ! Vous vivez à chaque naissance une mise à ZERO ainsi vous devez réapprendre jusqu'à la perfection, jusqu'à ce que vous ayez atteint le summum de votre Divinité, l'être parfait dans toute sa splendeur.

Si vous voulez retrouver quelques souvenirs, voire plus, il n'est jamais trop tard. La méditation, peut être un bon début, et pour ça, vous pouvez vous faire aider. Il y a des groupes ou certaines personnes le font gratuitement tandis que d'autres vont vous facturer. Chacun voit midi à sa porte.

Cette petite parenthèse sur l'énergie est un coup de pouce pour faciliter la compréhension que des êtres spirituellement avancés peuvent déjouer la loi de la mise à zéro pour ainsi contrôler leurs vies comme ils le veulent. A présent, lorsque vous entendrez dire “on n’a qu’une vie”, cette personne n’aura rien compris et il serait même préférable de vous en éloigner.

Le PLUS attire le PLUS et le MOINS attire le MOINS. À vous de décider si vous souhaitez stagner ou bien évoluer... Je connais votre réponse !

Une photo vaut mille mots avec ce cliché

de Martin Parker “Appuyez pour recommencer votre vie”

CHAPÎTRE 13

"J'en parlerai à mon cheval"

Le lendemain d'un appel d'ovnis avec une amie vivant dans un village voisin, avec ma femme nous avons promené notre chien au matin. Sur le chemin nous passons à proximité d'un champ avec au bout, à environ 300 mètres une dizaine de chevaux broutant. L'appel de la veille ayant très bien fonctionné, cela a comme éveillé quelque chose en moi. Je m'arrête devant le champ et je demande à ma femme d'attendre un instant. Je lui dis alors, que je vais appeler tous les chevaux par Shékinah.

Ma femme n'aime pas trop ces pratiques, mais c'est comme un besoin pour moi de développer ces capacités alors je commence à me concentrer. Lors de cette concentration, je réunis toute ma conscience et mon énergie en un point au niveau de mon 3 eme œil, puis je crée un lien qui vient se connecter à la conscience de tous les chevaux.

Ce lien est particulier car il doit être assez résistant pour ce type de contact, certainement parce qu'il n'est pas adressé à une énergie comme les entités exogènes. C'est une information qui me vient naturellement alors je ne peux qu'écouter et faire de cette façon pour ne pas fausser le bon fonctionnement de cette communication. J'ai opté pour un lien d'argent, fin mais très résistant et brillant, presque aveuglant pour lui donner plus de puissance, car comme citée précédemment, la lumière est source d'information.

Une fois donc ce lien relié aux différents chevaux, j'insère un message contenant ma présentation, et ma volonté qu'il vienne car cela me ferait plaisir de les caresser et de leur donner un peu d'herbe fraîche. Voici le type de message que j'envoie : "Bonjour mes amis, je suis Ufoman de la Terre, je suis votre ami et je souhaiterai vous caresser et vous donner de l'herbe fraîche si vous le voulez bien, merci".

Ce message n'est pas envoyé de façon commune, il est placé dans une bulle d'amour et ensuite, il glisse le long du lien d'argent vers les chevaux.

Les chevaux alors, recevant le message, arrêtent de manger, se redressent et tournent la tête vers moi. Bien sûr, ils ne sont pas hypnotisés, ils ont le choix de venir ou pas. Le fait de recevoir ce type de communication n'est pas habituel provenant d'un humain, mais là confiance en soit peu favoriser son bon fonctionnement. L'appel en groupe implique qu'il y a un ou plusieurs chevaux qui vont inciter les autres à les suivre en leur inspirant confiance. Après tout, c'est un message d'amour et sincère.

Un groupe de chevaux prend les devants puis les autres suivent pour ne pas être abandonnés et finalement, tous viennent comme un seul cheval, au galop comme une vague à travers le champ. La confiance se gagne et peut même être dubitative lorsque finalement, ils viennent vers un inconnu. Certes, j'envoie de l'amour mais je reste un inconnu alors si le chef du groupe s'arrête, tous s'arrêtent.

Un nouveau petit message de confiance pour leur montrer que je suis de bonne foi puis c'est reparti, alors ils arrivent près de moi et tour à tour me saluent en me présentant leur museau. Cette communication est magnifique car elle touche même un animal très craintif et plus grand que moi, mais l'amour n'a pas de taille, c'est une question de puissance.

Ma femme qui comme moi n'avait jamais vu ça avant était une fois de plus surprise, je découvrais une nouvelle aptitude.Un autre jour, je réitérais encore en présence de ma femme avec un seul cheval. Ce cheval, elle l'avait choisi elle-même. Il n'était pas isolé mais mêlé aux autres, sa couleur le distinguait et sa 4eme position à partir de la gauche faisait que l'on ne pouvait pas se tromper.

Je me concentre à nouveau, j'envoie le message puis le cheval noir, se redresse et commence à venir, seul. Une fois au milieu du champs, il s'arrête. Je reçois alors l'information émanant de lui disant : “Et si je ne venais pas, si je ne veux pas ? ” Je traduis cette pensée à ma femme, étonnée de le voir s'arrêter alors qu'il semblait d'accord.

Je lui reformule ma demande mais il fait non de la tête alors, je n'insiste pas et je propose à ma femme de sélectionner un nouveau candidat pour cette expérience. On se met d'accord pour un cheval marron. Je lui envoie la demande, puis sans problème il vient et s'arrête près du noir.

Ma femme me dit : c'est fou, ils n'ont pas envie aujourd'hui.

Je lui réponds alors qu'il n'y a pas de problème, et qu'elle devait faire attention à leurs comportements. En effet, le cheval noir était en train de dire au marron pourquoi il s'est arrêté, mais le dernier arrivé lui expliqua qu'il n'avait aucune crainte à avoir et que lui n'est pas craintif alors il y va.

Je donne alors tous ces échanges à ma femme pour qu'elle suive la discussion quand, le marron se met en route dans notre direction. Une fois le cheval marron arrivé à environ 5 mètres de nous, je dis à ma femme : regarde, le noir va avoir honte et finalement va venir à son tour pour ne pas rester seul au milieu du champ et là, le cheval noir se met enfin en route pour nous dire bonjour.

Le marron étant arrivé à nous, nous le remercions avec des caresses et de l'herbe ramassée à nos pieds. Le second cheval arrive et bien sûr, sans rancune nous le remercions à son tour de la même façon que son prédécesseur.

L'expérience que je viens de vous décrire a fonctionné d'autres fois depuis, dans le même champ avec un cheval isolé, puis 3 autres chevaux dans un parc animalier à Gramat, dans le Quercy.

N'écoutez pas les chansons qui disent que nous sommes que des hommes, car nous sommes bien plus!

Photo lors d'une de mes expériences.

CHAPITRE 14

Appel dans la nuit.

Vers le mois de Mai 2018, Alors que je suis en week-end chez ma mère, dans les Ardennes, toujours au Nord Est de la France, je souhaite lui montrer quelques ovnis mais n'y croyant pas vraiment à cette époque, je veux tout de même essayer de faire voir quelque chose.

On s'installe sur la terrasse, avec une petite couverture car il fait frais.

Elle n'arrête pas de me dire qu'elle va avoir mal à la tête avec mes histoires et qu'elle ne peut pas croire en quelque chose dont elle n'a jamais fait l'observation.

Cela ne me plait pas trop qu'elle n'ait pas confiance en moi mais je tente quand même l'expérience. Je me concentre et envois le message. Immédiatement j'ai un retour qui me dit : « Nous ne pouvons pas nous montrer car elle ne croit pas en nous mais nous sommes là ». Après cette réponse je lui annonce qu'ils sont là mais qu'elle doit me croire ainsi qu'en eux pour qu'ils puissent se montrer mais, elle ajoute qu'elle commence à avoir mal à la tête. Vous pouvez imaginer ma frustration. Je dis donc à ma mère d'y croire un peu, car ils n'attendent qu'elle pour se montrer, mais rien ne peut à ce moment la convaincre de l'existence d'extra-terrestres. Elle me laisse seul sur le balcon pour se coucher.

Au même moment, une amie de Château Thierry (une ville située à environ 150 kilomètres me contacte via Facebook. Elle m'explique qu'elle est également installée sur son balcon et qu'elle souhaite que j'appelle des sphères pour elle. Je lui explique que je n'ai jamais fait cela à distance, mais que cela ne coûte rien d'essayer alors elle m’envoie une capture d'écran de son téléphone avec la position de Jupiter face à elle, grâce à une application.

Je me concentre, j'envoie mon message avec les informations que je viens d'avoir. Dès que je finis d'envoyer le message, je ressens alors une forte vibration qui me dit : « Nous y sommes » Au moment où je reviens à moi après cette forte vibration, je commence à informer mon amie de la réponse quand je reçois son message qui me dit : « Deux boules bleues viennent d'apparaître autour de Jupiter, c'est magnifique » Je me réjouis alors de pouvoir lui permettre d'observer des sphères qui sont apparues pour elle et en un instant.

Je connais cette personne depuis 2 ans, et elle sait ce que je peux faire car nous en avions déjà discuté. Nous nous étions rencontrés sur un groupe ufologique. C'est une personne très sérieuse gentille et honnête, je n'ai jamais douté sur sa parole.

Nous avons continué à discuter de cela, quand je réalise que ce n'est pas en message privé que nous discutons mais bien en direct sur le groupe. Les autres membres croyant que nous nous étions mis d'accord pour créer ces dialogues décident de me virer du groupe car j'étais là depuis peu.

Jupiter

CHAPÎTRE 15

2019 l'année de la divulgation

Cette année 2019 aura été l'année du contact RR5 (Rencontre Rapprochée de type 5), ce qui représente l'entrée en contact avec des occupants d'ovnis.

Depuis le mois de Mai j'ai pu faire quelques sorties le soir avec ma caméra nocturne ainsi que mon téléphone portable pour faire des Directs sur Facebook, avec des observations au-dessus de moi.

Sur plusieurs de mes vidéos, je demande aux ovnis de flasher par le moyen de Shékinah, et les ovnis en question flashent.

Il m'est arrivé de filmer plus de 50 Boules blanches lumineuses dans le ciel en l'espace de 3 heures, et ces boules ne suivent pas les mêmes directions que les satellites comme disent certains membres de groupes où je fais des directs. Etrangement, dès que je leur demande de me fournir des preuves de ce qu'ils prétendent, il n'y a plus personne, comme si finalement, leur théorie était totalement fausse.

Bien sûr, il m'est arrivé de filmer des satellites que je découvre le lendemain lors du visionnage des objets volants grâce à divers sites de traçage des satellites.

Ces vidéos sont automatiquement effacées car je ne garde que du vrai, que des observations dont rien ne concorde avec ces types d'indicateurs de position.

Parmi ces observations, il m'est arrivé de filmer des patrouilles. Ce sont des Boules lumineuses se suivent mais pas comme les actuels satellites de Space X qui peuvent être vus aujourd'hui par dizaine et à la file indienne.

Ceux que je filme, sont en décalage et se déplacent lentement. Un voisin qui était sceptique sur mes dires a voulu venir avec moi un soir pour voir de ses yeux. Au départ, il souriait, ce que je comprenais mais rapidement, lorsque les premières boules sont apparues en faisant de forts appels lumineux comme avec de gros projecteurs, il a pu sentir que ces lumières lui étaient destinées et qu'il n'avait plus à douter de leur existence.

Aujourd'hui, il est en quelque sorte "déverrouillé". C'est à dire que les observations qu'il a faites avec moi lui ont comme débloqué une partie en lui qui l'empêchait de voir ces voyageurs galactiques.

Depuis que je fais mes Directs, je reçois des messages de membres et amis Facebook qui peuvent voir des ovnis après une pensée, ou même un appel vocal. Lorsque je fais un direct, je parle, j'occupe le vide entre chaque apparition car il faut que j'occupe les amis et membres présent lors de la vidéo.

J'explique dans quel état d'esprit il faut être, je donne certaines informations sur le fonctionnement actuel des gouvernements et pourquoi c'est l'ambiance négative qui règne sur le monde.

Parfois, prêt à faire le direct, je suis dans mon véhicule, en vidéo sur Messenger avec un ami et je lui dis soudain : "attends il y en a un qui me survole, je le sens" et là, j'ouvre la portière, déjà excité car je le sais, qu'il est là et qu'il m'attend. Je montre alors à mon ami la boule de lumière qui passe, grâce à ma caméra nocturne sur laquelle je pose l'objectif de mon téléphone.

En effet, il veut que je le vois passer, alors il me transmet une vibration qui m'est traduite automatiquement.

Que je sois, en voiture, à pied, ou à la maison je peux recevoir ce message vibratoire et je me "présente" à lui avec le regard, juste pour lui dire " bonjour mon ami je te vois, et je te remercie pour ton appel" et bien souvent il me répond par un flash.

Depuis le Boomerang, j'ai pu observer plus de 600 ovnis, de tailles, couleurs et formes différentes.

Un autre soir juste au moment où je m'apprêtais à me coucher, une amie vivant au Luxembourg m'envoie un message, elle veut comprendre l'appel télépathique (Shékinah) pour le mettre en pratique.

Je savais que cette personne avait déjà des qualités bénéfiques pour s'exercer alors je me dis que ce n'est pas peine perdue. Après quelques échanges et conseils sur la concentration, l'appel et l'accueil, elle obtient une réponse visuelle.

En effet, elle attend patiemment sur son balcon quand 2 minutes plus tard, après avoir fait la demande, une boule blanche sort d'une colline face à elle et se déplace de bas en haut.

Elle m'envoie alors une photo puis une vidéo, je me dis que le résultat est pas mal pour un appel soudain, imprévu, sans préparation même de ma part car il me faut me concentrer pour transmettre les meilleures informations, avec la meilleure vibration dans chaque message pour que la compréhension se fasse du mieux possible.

Elle m'avoue qu'elle a peur car elle sent que la boule l'observe, et cela pendant plusieurs minutes. Je la rassure en lui expliquant que c'est elle qui lui a demandé de venir et que de ce fait, il ne faut pas la craindre bien au contraire.

Je lui explique qu'avec de l'entraînement elle peut recevoir des messages vibratoires. Puis la boule s'élève lentement et disparaît comme une ampoule qu'on éteint.

Photo transmise par mon amie,
trop gros pour être une étoile et trop petite pour être la lune.

CHAPÎTRE 16

Histoires en Vrac !

Parmi elles, j'ai pu voir en 2014 le célèbre cigare gris aluminium non loin de chez moi faisant du surplace.

Evidemment, je n'avais pas mon appareil photo ni mes jumelles...

C'était en été, j'étais en voiture, en direction d'un magasin de bricolage quand on me dit “ tourne la tête dans cette direction “ (la traduction passant de la vibration à la grammaire écrite ne correspond pas au message reçu car lors du message vibratoire, je reçois des informations précises qui ne peuvent être transcrites mais je mets la forme pour être le plus proche de la réalité).

Au bout de 300 mètres, j'arrivais sur un carrefour et juste après, à peine 5 secondes, il avait disparu. Il volait au-dessus d'un champ à environ 15 kilomètres et à une dizaine de kilomètres d'altitude.

L'ovni Cigare mesure généralement 2 kilomètres de long sur 200mètres de large. Il peut se matérialiser comme il peut être invisible.

Sa vitesse est semblable à celle de la lumière mais il peut se déplacer lentement et faire du surplace. En pliant l'espace-temps (trou de ver) il peut voyager à travers l'univers en un clin d'œil, ce qui correspond à une forme de “Stargate” (porte des étoiles).

Ma femme ne sachant que m'offrir pour mon anniversaire me demande conseil, pas si bête l'idée car cela m'a permis d'avoir des jumelles 10X50 Omegon Porrostar, les princesses de l'astronomie. Grâce à elles, j'ai pu observer un ovni dans l'espace traverser l'espace au-dessus de moi en moins de 10 secondes à une vitesse incalculable. Sachant que la vitesse moyenne des astéroïdes est de 20 000 kilomètres/seconde, il était probable à 100% :-p qu'il ne s'agissait pas de l'un d'eux.

Pour le trouver dans l'immensité de l'espace, il aurait fallu beaucoup de chance et j'ai appris que la chance n'existe pas.

C'est un concours de circonstances et que même en voulant déjouer le destin, il nous rattrape comme un élastique qui casse entre nos doigts.

En Novembre 2017, vers 20 heures, je sors sur la terrasse pour donner les croquettes à mon chien quand, au moment de les verser dans son plat je reçois la vibration “regarde là” (avec l'endroit exact dans le ciel). Je lève les yeux vers la gauche du toit de ma voisine, en face de notre maison mais rien.

Je verse les croquettes dans le plat et en me redressant j'observe à nouveau près du toit, au même endroit et soudain une grosse boule rouge feu apparaît exactement à l'endroit indiqué. Sa hauteur était d'environ 2 à 3 kilomètres et elle se dirigeait doucement vers le Sud. Avec mes nombreuses observations j'ai appris qu'il est risqué de tourner la tête lorsque l'on assiste à l'apparition de ce type de phénomène car ils disparaissent alors, sans quitter des yeux cette boule, j'ouvre la porte de la maison en tendant le bras en arrière et j'appelle ma famille pour qu'ils assistent également à cette rare occasion.

Je me connecte à ce visiteur nocturne, et je montre aux membres de ma famille qu'il est bien ce que l'on pense. En annonçant à haute voix le comportement que va avoir la boule, je fais plusieurs demande « d' extinction et d'allumage » ce qu'il fait sans problème.

Ma famille était émerveillée, la boule me dit alors à présent : “ nous partons en mode invisible” alors je préviens ma famille qu'elle va disparaître et ne plus être visible, ce qu'elle fait. Et comme à mon habitude, je la remercie en lui souhaitant bonne route. Au début de mes premières observations, ma femme n'était pas convaincue de ce que je lui racontais.

Il m'est déjà arrivé de voir une boule jaune voler à quelques centaines de mètres de notre maison et quand je dis à ma femme de tourner la tête pour l'observer à son tour, la boule disparaît comme pour ne pas être vue.

Ceci a bien changé, car en Août 2018, lors d'un feu de camp dans notre jardin, en présence d'une sœur à ma femme qui était encore un peu sceptique, j'ai fais un appel pour nous tous. Rapidement, des boules lumineuses sont apparues de toutes directions à diverses hauteurs.

L’une d’elles a même fait un virage en angle droit juste au-dessus de nous ce qui bien sûr n’est pas très “normal”. Ce soir-là, nous en avons vu une trentaine.

Après le feu de camps, j’invite ma belle-sœur à m’accompagner dans un parc de notre village où le ciel n'est pas éclairé par les lumières de la rue, ce qui donc nous permet de voir parfaitement les étoiles. Une fois tous deux assis sur de gros banc de pierre, je fais mon appel et rapidement, les premières boules commencent à arriver. L’une d’elle vient même vers nous comme si elle descendait nous dire bonjour.

Ma belle-sœur prend peur et émet un petit cri et à cet instant la boule fait un fort éclairage comme pour dire: “ alors, tu crois en nous à présent ?”. Le lendemain, nous y sommes retournés et ce fut la même chose, de la visite toute la soirée, c’est toujours incroyable de les voir, je ne m’en lasse pas. Depuis ce soir, ma belle-sœur a une nouvelle vision de la vie et de ce qui l’entoure.

Avant le retour au travail, à la fin des congés d’été, je voulais encore profiter des quelques jours parfaits qui se présentaient à nous alors j’invite ma femme à venir voir les étoiles avec moi.

Bien sûr, elle se doute bien que ce ne sont pas les étoiles que je veux voir mais mes amis galactiques. Nous nous installons près du feu de camp éteint pour mieux voir et nous nous mettons d’accord sur la cible, l’adresse céleste pour le lieu de passage des visiteurs de la nuit. La lune était sortie depuis un moment au Sud-Ouest donc voilà, ce sera elle !

La demande est faite, il n’y a plus qu’à attendre 2 minutes pour voir arriver la première boule blanche provenant du Sud. Elle se dirige bien vers la Lune. Une fois passée devant, avec un petit coup de coude à ma femme comme pour dire : ”Regarde !”, je me connecte à la lueur et lui demande de briller comme un soleil et elle s’exécute alors je souris à ma femme, tout fier.

Une deuxième boule arrive du Nord-Est, apparaissant de derrière notre maison et se dirigeant vers le lieu précisé dans la demande. Je savais qu’une fois la lune passée, qu’il serait plus compliqué pour voir le flash de l'ami du ciel alors je lui demande un peu avant de briller et à son tour il flash.

Et là ma femme me dit : " C'est aux gendarmes que tu dois montrer ça..."

En effet, l'année d'avant, à 3h15 du matin, juste avant d'aller au travail. Je sors mon chien et une boule blanche passe au-dessus de ma maison en provenance du Nord-Ouest et allant vers le Sud, Sud-Est. J'ai le temps de filmer avec mon téléphone. Dans la journée, je poste ma vidéo dans un groupe Facebook et là, un membre vivant dans le secteur de Lunéville (54) m'annonce que lui aussi l'a vu vers 3h45 près de chez lui.

Je fais une déposition à la gendarmerie des transports Aériens à l'aéroport de Metz-Nancy Lorraine. Bien sûr, les agents qui ont pris ma déposition m'ont un peu regardé comme un fou, mais ma vidéo les a tout de même interpellés.

En leur disant qu'il y avait un autre témoin de Lunéville, ça les a encore plus intrigués, et pour finir, le rapport du GEIPAN (Groupe d'Etudes et d'Informations sur les Phénomènes Aérospatiaux non Identifiés) a été clair, pour eux il s'agissait d'une lanterne Thaïlandaise.

Les gendarmes qui m'ont donné par téléphone la réponse du GEIPAN m'a confirmé qu'une lanterne ne peut pas brûler plus de 10 minutes, de plus, la boule était blanche et les lanternes sont généralement rouges et la couleur n'est pas homogène. Connaissant d'avance la réponse de ces "spécialistes" qui étudient le ciel et ce qui y vole ... j'avais déjà donné la réponse qu'auraient les agents qui m'ont même dit : " ils nous prennent pour des cons". Je continue d'envoyer mes vidéos aux gendarmes en leur promettant d'assister un soir à une observation, s'ils sont prêts, bien évidemment.

Un soir, ma fille était avec moi, assis tous les deux sur les marches de la terrasse de la maison avec les jumelles, prêts, l'affût d'une observation. Jusqu'à ce qu'elle voit un ovni brillant en forme de cloche, nous l'avons regardé avec les jumelles puis il s'est éloigné lentement.

Sur cette même terrasse, je me sentais bien, je rentrai d'une journée de travail et j'étais bien dans ma tête, bien dans mon corps. Je me dis et si je faisais un appel? La nuit n'était pas encore tombée, on ne voyait pas encore d'étoiles. Je transmets mon message en direction de l'espace, et je reçois un accusé de réception vibratoire qui me dit : " patience nous arrivons".

Je me dis que c'est super, c'est la première entrée atmosphérique que je demande et j'ai une réponse, alors j'attends. Au bout de 3 à 4 minutes, je reçois un nouveau message : " regarde là" (encore une fois je traduis comme je peux) ce n'était pas vraiment au-dessus de moi mais un peu plus devant, à un peu près 80° en direction de l'Ouest.

J'attends quelques secondes et à travers le bleu du ciel je perçois une boule blanche qui grossit peu à peu et je comprends qu'elle arrive sur terre, ensuite sa couleur a viré au rouge, dû à une combustion temporaire lors de son entrée dans l'atmosphère.

Soudain le rouge redevient blanc, la boule se stabilise un instant comme pour me dire : " coucou nous voici, à présent nous devons partir" et là, la boule de lumière se déplace vers le Sud à une si grande vitesse qu'on aurait dit qu'elle provoquait des vagues dans la Thermosphère.

Nous venions juste d'arriver dans le camping de Caro en Bretagne à quelques kilomètres de la "Forêt de Brocéliande" et ses légendes.

Fatigués du voyage, ma femme et les enfants se sont couchés tôt. Moi toujours en forme surtout quand le ciel nocturne est étoilé, je décide de rester sous le porche du mobile-home . Après un instant, je me dis qu'il est temps de faire un appel, alors, je repère une étoile plus brillante que les autres et facilement repérable dans le voile de la nuit. J'envoie mon message comme d'habitude et j'attends, je patiente de les voir. Des avions de ligne volent, facilement identifiables avec leurs clignotements.

Jusqu'à ce que la première boule de lumière arrive et passe devant l'étoile choisie. Au total, sept boules blanches sont passés exactement là où je leur ai demandé jusqu'à ce que le dernier visiteur arrive tout doucement.

Dès le départ, j'ai vu que sa direction n'était pas la bonne, qu'il n'était pas assez bas alors je lui envoie le message pour le corriger. C'est au bout de la troisième fois qu'il s'est aligné correctement et qu'il a pu passer devant l'étoile.On dit que les extraterrestres sont plus intelligents, très développés psychiquement... mais ce jour-là, j'ai pu voir que certains pouvaient aussi ne pas comprendre les choses aussi bien que d'autres...Différence de langage? Mon accent de Terrien ou simplement erreur de guidage GPS (Guidage Par Shékinah)? Pendant les directs, il m'est souvent arrivé de filmer une boule qui me survole, et que sur le même plan, une autre passe plus rapidement ou bien plus grosse ce qui attire mon attention.

Je décide alors de suivre ce nouvel arrivant et pour faire plaisir aux spectateurs qui suivent le direct, j'essaie de filmer les deux, tour à tour car c'est très rare et si bon ! Mais, j'ai pu me rendre compte que dès que cette situation arrive, le premier que je filme disparaît quand je détourne mon attention sur l'autre. Une réaction identique à une vexation ? Cela s'est vérifié plus d'une fois, à moins que ce soit un accord entre eux dans le genre : " Vas-y puisque tu veux être la Star, moi je m'éclipse !)

Certaines boules de lumière acceptent d'être vues, filmées, tandis que d'autres ne sont pas trop du même avis et le montrent. Il m'est arrivé de voir au loin une boule venant dans ma direction, assez grosse pour qu'elle soit bien visible une fois près de moi, du moins au-dessus de moi. Et, dès que je dégaine ma caméra, elle disparaît comme si elle me snobait, elle ne veut pas être filmée et se retrouver sur Youtube...

D'autres vont carrément éteindre la caméra une fois que je les aurai bien dans mon objectif ou bien, elles empêchent la caméra de fonctionner normalement. En fait, leur comportement m'indique qu'il y a une marque d'intelligence et de force psychique pour interagir sur le matériel.

Le saviez-vous ?

Les films sur les extraterrestres ne sont pas imaginaires...

En fait ils sont juste ré-harmonisés, arrangés dans un seul but. Vous le croirez ou non, le but de toutes ces productions est dans un objectif bien spécifique “créer un scepticisme, voire une négation chez les humains”, ou bien la peur d’un éventuel événement comme on a déjà vu au cinéma.

Comment et pourquoi ? Me demanderez-vous, et bien, je vais commencer par vous parler du film “ Rencontre du troisième type” .

Saviez-vous que Steven Spielberg a fait appel au professeur Josef Allen Hynek* pour lui donner les détails de la rencontre du troisième type qu’il y a eu le 24 Avril 1964 à Socorro, Nouveau Mexique et ainsi participer au tournage pour rendre le film plus crédible.

Beaucoup de films ont été basés sur l’invasion extraterrestre pour faire passer les voyageurs cosmiques comme étant des vilains aliens.

Cette volonté de contrôler la pensée des téléspectateurs se répercute sur leur aura, leur sang ainsi que sur leur personne. La barrière psychologique créée par cette manipulation pousse les gens à ne pas vouloir croire aux E.T pour justement qu’ils n’existent pas, et surtout pour ne pas qu’ils veuillent se présenter aux humains de peur d’être repoussés, chassés, incompris.

Il en va de même pour les fantômes, qui ne sont que des êtres comme nous mis à part qu’ils ont perdu leur enveloppe charnelle et ne veulent pas retourner au Divin, à la base de la création du tout.

Le Professeur Hynek sur le tournage du film

« Rencontre du 3 eme Type » de Spielberg

CHAPÎTRE 17

Ils nous voient !

Bien souvent, on me pose la question : “ Mais pourquoi tu es le seul à voir des ovnis ? Nous n’en voyons jamais malgré les heures que nous passons sous les étoiles dans l’espoir dans voir”.

Et pourtant la réponse est simple comme “Bonjour” ! Lorsque nous venons au monde, nous sommes de gros et beaux bébés, pleins d’amour à donner et surtout à recevoir.

Le mot “Recevoir “ a là, toute son importance car un bébé est considéré comme une éponge car c’est la partie de sa vie ou il va apprendre à vivre, à comprendre et à analyser chaque chose. Un bébé est si innocent qu’on pourrait lui apprendre aussi bien à faire le mal que le bien. Bien sûr, la deuxième option est la plus conseillée !

Le bébé est un copieur, il plagie sans arrêt, il reproduit tout ce qu’il voit faire c’est pourquoi mieux vaut faire les meilleures choses devant lui et même dans son dos car même s’il ne vous voit pas il ressent les vibrations et comprend bien plus de choses que vous ne pouvez l’imaginer.

Ce petit être va apprendre comme à l’école en mode 24/24 car il est en mode “réception d’informations” et qu’il n’a que ça à faire, entre-autre, comme rester mignon.

En restant en mode “réception” il va accueillir tout type d’informations, des sons, des sensations, le vent dû à vos déplacements et surtout des tonnes d’informations qu’il va capter via sa glande pinéale comme sortie de son emballage tant elle est propre et en parfait état de fonctionnement.

Si vous perdez ces sens et ces informations précieuses au fil que vous grandissez, c’est que vous encrassez votre moteur, du moins votre glande pinéale et qu’il est temps de lui donner un bon bain, du moins une bonne décalcification. Cessons de parler du bébé, avant de devoir changer sa couche...

Vous l'aurez compris, le mode "accueil" est un état qui doit rester en permanence activé pour capter tous les sens et messages possibles. Ces informations en tant qu'adultes peuvent être, des conseils de votre être Divin. Oui oui ! (Je vous parlerai du Dieu que vous êtes un peu plus tard)

Divin, vous avez bien lu, c'est la petite voix qui vous conseille de faire telle ou telle chose, comme de tourner à droite en voiture pour éviter un embouteillage, ou de prendre le deuxième carton avec la télévision à l'intérieur car le premier est tombé et que l'appareil ne fonctionne pas...

Pleins de messages que vous ignorez et que vous regrettez ensuite en disant : " j'aurai dû m'écouter !" ou bien " je le savais !" (Et vous ajoutez même un petit nom sympa comme andouille ou idiot..) Je vous vois sourire, c'est que je dis vrai ! Non ? ☺

Ce mode "Accueil" est donc un état d'esprit que vous devez adapter en permanence pour avoir la meilleure décision à prendre à chaque instant. Cette décision doit être prise de façon naturelle et instinctive, à partir du moment où vous vous posez des questions, vous mettez en doute votre "Divinité" et ce que vous pensez et c'est là que vous ferez le mauvais choix.

Et ensuite vous redirez "j'aurai dû faire comme je pensais" ou encore une fois "je le savais !" avec le petit nom qui va bien... Là, on commence même à se dire qu'on est bête, mais pas du tout, on fait juste la sourde oreille ! C'est ainsi que je fonctionne, ainsi que des milliers d'autres personnes "ouvertes" à ce type de message, aussi bien provenant de nous-même que d'ailleurs...

Comme je vous l'ai expliqué, le Shékinah fonctionne dans les deux sens, mais il y a une chose importante à savoir concernant une observation d'un ovni. Voir pour la première fois un ovni peut être surprenant, parfois même on doute de ce que l'on voit et nous faisons un focus visuel sur la cible "détectée".

Avec un peu de patience, l'ovni peut finalement n'être qu'un avion avec ses phares allumés et en changeant de direction vous apercevez les ailes et le fuselage et chose déterminante, les clignotements. Mais vous pouvez très bien voir une lumière d'une clarté telle qu'il faut une forte puissance pour l'alimenter et faisant des zigzags parfois, caractéristique également possible d'un ovni.

Et même avec patience, cette lumière ne varie pas dans sa forme, et va même se mettre à briller comme un soleil comme pour vous dire " hey, je ne suis pas un avion, est-ce qu'il sait faire ça ??" Et c'est là que vous acceptez malgré vous que cette observation n'a rien de commune et que vous êtes face à quelque chose de rare à vos yeux.

Ces lueurs de plusieurs couleurs, peuvent provenir de divers vaisseaux, appartenant à plusieurs types d'entités exogènes. Ils sont extra-sensoriels, c'est-à-dire qu'ils peuvent percevoir grâce à vos vibrations et votre aura identitaire qui vous êtes et si vous croyez en eux ou pas.

C'est cela qui déterminera leur comportement à suivre. Ils peuvent également détecter si vous êtes prêt ou pas à prendre conscience de leur existence pour ne pas heurter votre sensibilité et perturber vos vibrations ainsi que votre psychique.

Voilà pourquoi ils ne se présentent pas aux enfants, dans un état éveillé. Voir pour être vu ? Et bien non ! Nous sommes tous des antennes relais, des connections entre nous que nous ne voyons pas mais qui pourtant est vraie. Pourquoi pensez-vous que la foudre s'abat sur nos têtes ? Car c'est le sommet de l'antenne que nous sommes

La Tour Eiffel, la "Dame de fer" foudroyée, immortalisée

Par le photographe Bertrand Kulik

Vous n'avez jamais eu le pressentiment que quelqu'un allait frapper à votre porte et ce quelqu'un vient effectivement frapper à votre porte. Cela fonctionne aussi avec le coup de téléphone ou autre chose. Cela est la preuve de cette connectivité réciproque qui nous unie les uns aux autres. Plus on se gratte et plus la peau rougit, c'est pareil pour cette connexion. Plus vous aurez conscience de cette connexion et plus vous pourrez la voir, la sentir. C'est en vous ! Acceptez-le !

Vous pouvez voir un objet à travers une vitre, un rideau, une paire de jumelles peu importe...A partir du moment où vous lui porterez de l'attention, il fera la même chose pour vous. Soit il vous ignorera, soit il vous montrera qu'il est bien ce que vous pensez, selon ce que vous savez sur eux et votre stade de croyance en leur existence.Tout est dans le fait de "savoir" qu'ils sont là, et non dans le doute.

Le tout est de croire pour voir, et non l'inverse.

CHAPÎTRE 18

Ouvrez l'œil, et le bon !

Au cours de mes diverses observations, j'ai pu constater qu'une grande partie des boules lumineuses se dirige vers l'Est.

Cela m'a intrigué quelque peu, mais j'en suis venu à une conclusion suite à de nombreuses lectures sur le thème de la spiritualité et de la compréhension de l'humain. Ci-après, je vous parlerai du soleil et de ses bienfaits mais je vais vous donner un avant-goût. Si pour vous, regarder un lever de soleil est agréable, pour ces êtres, il en va de même, mais à la différence de nous, c'est qu'ils ressentent la même chose que nous amplifié par mille ou un million !

Ces entités exogènes, ont également une glande pinéale comme tout être vivant et cette lumière que vous allez observer aux premiers rayons du soleil ne vous est pas passive, inefficace, bien au contraire ! Elle vous apporte de la vitamine D et vous permet d'activer votre glande pinéale. Je dirai que la vitamine D est comme l'énergie qui vous permet d'accéder à vos capacités psychiques endormies (à condition d'entretenir votre glande pinéale...)

Pour les êtres cosmiques voire terrestres, leur glande pinéale est décalcifiée à 100% du fait qu'ils ne s'alimentent pas d' hamburgers , de pizzas, de lait ou d'eau du robinet ou autre aliment provenant du supermarché au coin de la rue.

Et bien non, ces êtres vont s'alimenter de lumière solaire ainsi que d'énergie, comme l'hydrogène, l'oxygène, certaines de nos humeurs...et d'autres avec des animaux ou malheureusement avec des humains. Voilà pourquoi vous ne verrez jamais d'Extraterrestre en surpoids.

Je m'écarte peut-être un peu du sujet mais c'est pour que vous compreniez que tout est lié comme je vous l'explique dans l'Introduction. Le fait d'introduire du fluor et du calcium dans nos aliments, dentifrices est dans un but bien précis.

Le but des gouvernements est de vous garder "endormis", pour que votre troisième œil reste fermé ainsi vous suivez les instructions et subissez les décisions du gouvernement sans broncher.

Ce que la télévision vous propose à manger dans les pubs est plein de mauvaises choses pour votre santé et votre propre être Divin. Pourquoi pensez-vous qu'ils veulent nous forcer à vacciner nos bébés ? Pour les empêcher d'évoluer ! Rappelez-vous l'expression : "Les derniers seront les premiers".

Le but des vaccins est d'empêcher ce qui a déjà commencé. Ils veulent empêcher nos enfants de se développer psychiquement, et d'éveiller leur l'être divin qui sommeille en eux. Ces enfants sont plus puissants que leurs parents et renverseront le gouvernement comme dans le film " Darkest Minds: Rebellion ".

L'éveil, où la prise de conscience du monde dans lequel nous vivons, nous pousserait à vivre en autarcie et à refuser tout ce qui nous est obligé par l'état.

Plus de travailleurs, ni d'argent, ni de système, résultat, plus de président ni esclave. J'ai dit "esclave" ?

Peut-être parce que le mot "Travail" est un mot amélioré ou plutôt mieux accueilli, embelli de son ancêtre latin "tripaliare" , signifiant " tourmenter, torturer avec le trepalium". (Un engin de torture). Bien sûr, des défenseurs un peu comme la " Confrérie des pouces rouges" de l'état vont contredire ce fait en nous dirigeant vers une tout autre information. Leur théorie ne correspondant aucunement au vrai terme qui nous montre par le résultat d'une bonne journée de travail mène à la mort, "mort" de fatigue. Sommes nous vraiment fait pour travailler ?

Allez ne baissons pas les bras, reposons-nous pour recommencer demain ! Avec le sourire <u>s'il vous plaît</u> ! Comment empêcher quelqu'un de voir ? Non, ne pensez pas à crever les yeux, ça fait trop "force de l'ordre" en France contre les gilets jaunes... Par contre il est possible d'agir dans le cerveau des gens via des produits comme le Fluor (Voir Chapître 20).

Quand je vous dis que tout est lié !

Le troisième œil est l'œil de la raison, de la connaissance, du savoir, de la compréhension sur les forces qui régissent dans l'univers. Libérer votre glande pinéale de sa calcification vous ouvrira une nouvelle façon de percevoir la vie.

Ainsi vous comprendrez que le monde n'est pas ce qu'il semble être et que s'il vous parait parfait à l'heure actuel, la nouvelle vision vous offrira la réalité et vous verrez qu'il y a encore du travail pour vivre dans le meilleur des mondes.

Dans le film Matrix, Morphéus propose à Néo 2 pilules, une bleue pour rester dans sa vie habituelle, puis une rouge pour sortir de la matrice et plonger dans le trou du lapin blanc dans "Alice au Pays des Merveilles".

Bien sûr Néo choisit la rouge. Et Vous ?

3 eme œil chez la grenouille

3 eme œil chez le serpent

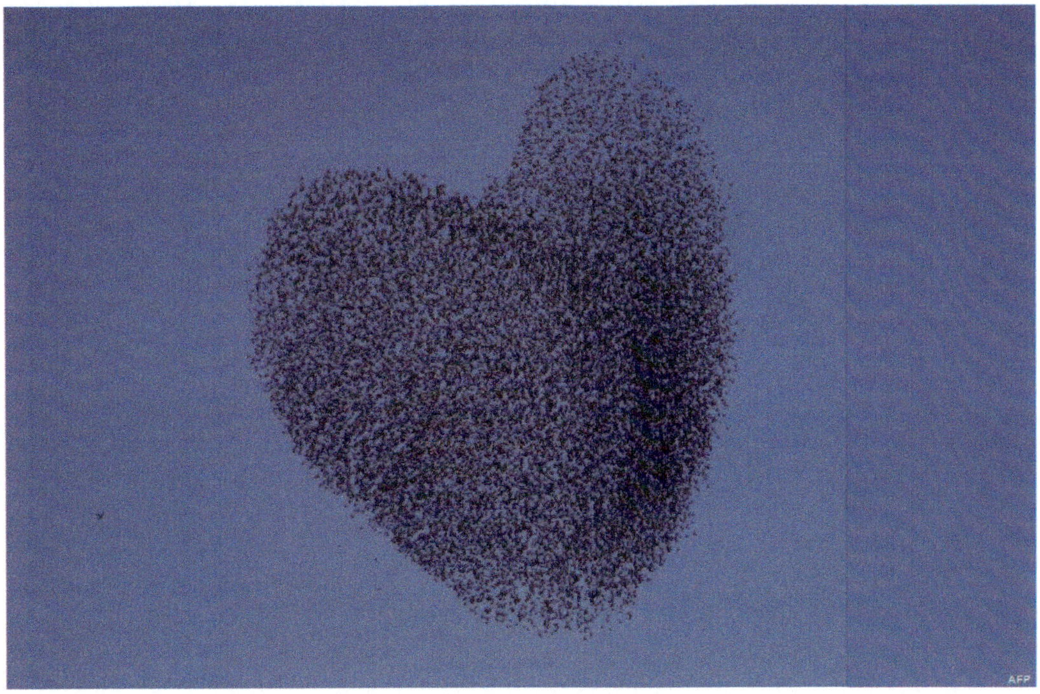

Vol d'étourneaux communiquant par Shekinah
pour synchroniser leurs mouvements, directions.

CHAPÎTRE 19

Le Lapis Lazuli, une pierre qui vous veut du bien

Il existe une pierre particulièrement bénéfique dans le domaine spirituel ainsi qu'émotionnel comme pour l'intuition, de ce fait, il aide à avoir des réflexions plus sages en étant à l'écoute des faits. De plus elle stimule la créativité, la contribution à l'évolution de l'esprit en rendant le mental plus clair, plus concentré. La partie la plus importante peut-être de ses vertus est le déblocage du troisième œil.

Autrefois utilisée pour colorer des fresques et tissus, le Lapis Lazuli est principalement trouvé dans des gisements en Moyen Orient ainsi qu'en Afghanistan, ce qui fait d'elle une pierre rare et semi-précieuse.Si elle apporte un certain bien-être sur le plan spirituel, elle fait de même sur le plan physique. En effet, le Lapis Lazuli améliore les problèmes de peau, de pellicules, les troubles de la vue et fait baisser la tension. Attention, cela ne veut pas dire qu'il va remplacer vos médicaments actuels.

Exemple de Lapis Lazuli

CHAPÎTRE 20

Pas besoin d'en dire plus.

Possédant quelques documents assez sérieux, comme mes vidéos

ainsi que des photos, j'ai décidé de les communiquer à l'Observatoire d'Europe pour avoir le point de vu de spécialistes.

Leur réponse à on ne peut plus clair : « Bonjour, merci pour vos documents qui ont été regardés attentivement, cela dépasse largement nos compétences techniques et d'équipements disponibles Je vous recommande de voir du côté de l'armée ou de la NASA.

Avec nos meilleures salutations. »

Je pense que cette réponse vient ajouter un appuie certain sur la qualité et l'authenticité de mes documents et donc, nul amateur ne peut mettre en doute mes paroles, ou vidéos. Cela me conforte dans l'idée que je fais bien les choses et qu'il faut les véhiculer afin que le plus de monde ouvre son esprit à cette réalité.

Il est temps aujourd'hui de lever le voile sur nos capacités endormies et sur la réalité du monde invisible qui se vit autour de nous. Le paradoxe de Fermi n'est plus d'actualité ainsi que la fameuse phrase de

X-Files « La vérité est ailleurs »

Ils sont là et plus près que vous pouvez le penser.

La vérité est ici

CHAPÎTRE 21

Des Hommes, des Bêtes et la Nature.

Je pratique ces appels depuis bientôt 8 ans et j'ai fais des directs pour montrer que cela fonctionne. Être bien dans sa tête est peut-être la chose primordiale, car comme le dit l'expression : "un esprit sain dans un corps sain". Je respecte le vivant en général, car nous en faisons partie. Je ne mange pas de viande car cela ne correspond pas à mes besoins et l'animal est un être vivant comme nous.

Si manger un animal pour certains est normal, et bien pour moi ça ne l'est pas. De plus il est rendu à la mort de manière horrible, d'une façon que nous n'aimerions pas que l'on fasse de même avec nos familles, nos voisins ou amis.

Il a été prouvé que les animaux ont des sentiments et sont capables d'aimer comme les humains voire plus.

Le chien est l'animal par excellence le plus représentatif de l'être à l'amour inconditionnel, il ne lui manque que la parole.

Les animaux ne détruisent pas la vie des hommes comme nous le faisons avec la leur. Certains sont amicaux, joueurs et fidèles à l 'homme et prouvent leur amour chaque jour entre congénères et même avec des animaux de races différentes. Il a été filmé divers animaux réagir de façon surprenant à la mort d'un membre de leur famille, tout comme l'homme le fait quand il perd un proche.

Heureusement, beaucoup de gouvernements reconnaissent les animaux comme étant des êtres vivants pour qu'ils soient respectés comme les hommes, c'est une preuve de l'évolution des mentalités vers la bonne voie. La flore est également un être vivant même si vous ne vous en rendez pas compte. Juste le fait qu'une fleur pousse et fane montre que la nature a donné une longévité aux plantes pour grandir, développer du pollen pour permettre à d'autre plantes de pousser, tout comme les arbres et les légumes le font et surtout à peu de choses près comme les hommes.

Les pierres contrairement à une idée reçue, ne sont pas sans vie car même si nous ne le voyons pas, des micros organismes y habitent ce qui fait de chaque pierre une planète et donc, un être vivant tout comme la notre . La vie est partout même à des endroits inattendus. L'homme a pour habitude de se référer à ses connaissances pour juger des possibilités qu'il y ait la vie à tel ou tel endroit. Cependant, il oublie qu'il ne sait pas tout sur lui-même et donc il ne peut prétendre connaître l'inconnu aussi bien qu'il ne le croit.

Tout comme nous découvrons chaque semaine de nouvelles espèces vivantes car la vie est faite de découvertes, sur nous-même et sur tout ce qui nous entoure.

Erikas Plucas recueille un bébé élan abandonné

CHAPÎTRE 22

Nous sommes tous des Dieux à notre façon.

Je n'ai pas de religion, ma seule croyance est celle que nous sommes tous des frères et que nous sommes surveillés non pas par des parents mais bien par des grands frères, présents dans l'invisible pour nous guider, nous conseiller et nous montrer la meilleure voie à suivre. Je ne crois pas en un Dieu, mais bien en plusieurs Dieux. Ces êtres ne sont pas bien loin de nous car si nous nous comparons aux "seigneurs dans les cieux" nous sommes également dotés de l'amour et de savoir-faire avec nos mains, nos paroles et nos regards.

La Terre a été créée avec des éléments primordiaux. Des éléments dont nous sommes “dotés”, ce qui me laisse penser que nous sommes des Dieux à part entière.

Nous sommes et nous l'avons toujours étés, cela nous a juste été empêché d'y croire, de nous souvenir pour nous garder sous de basses vibrations afin de nous garder dans l'ignorance et sous contrôle. Nous sommes comme des poissons dans un aquarium, il nous faut vibrer assez fort pour sortir du bocal et être libres.

N'oubliez jamais que nous sommes les seuls maîtres de nous-mêmes et que nous n'avons besoin de personne pour nous dicter ce que l'on a le droit de faire ou pas, de penser et d'être. Les Religions selon moi ont été créées pour diviser les hommes et les mentalités, afin de nous contrôler plus facilement.

" Diviser pour mieux régner " c'est exactement ainsi que les gouvernements mondiaux nous maintiennent dans la peur ou le racisme envers d'autres populations ayant une autre idéologie. Si tout le monde avait les mêmes convictions à savoir : l'amour, la paix et le partage, le monde tournerait plus rond et nous pourrions nous concentrer tous sur un même but, le développement spirituel ! Où pensez-vous qu'ils sont partis les Mayas? Ceux qui ont dessiné des fresques uniquement visibles de l'espace... Ils n'ont pas disparu tout seul de la terre... Ils avaient atteint le sommet de la spiritualité et ne pouvaient plus progresser. Nous savons qu'il y a des exoplanètes et que certainement qu'il y a même de la vie. Quelle vie pourrait peupler une nouvelle planète ? Des peuples évolués qui respecteront leur nouvelle mère, leur nouvelle Terre. Pour conclure ce dernier paragraphe, soyez-vous même et non ce que quelqu'un veut que vous soyez pour lui.

Vous n'appartenez à personne, et à aucune religion, vous êtes libre, vous devez juste en prendre conscience et vous vous envolerez comme un oisillon sautant du nid pour voler de ses propres ailes. Aimez pour être aimé en retour car l'amour est ce qu'il y a de plus beau pour répandre la paix.

Ne vous laissez pas influencer par vos amis familles ou collègues et encore moins par la télévision qui ne souhaite que vous contrôler en créant la peur pour que vous agissiez dans leur sens. Soyez unique et indépendant de tout ce qui pourrait agir sur votre conscience. Faîtes vos propres choix non pas par obligation. L'Univers vous apportera ce pour quoi vous vibrez alors vibrez pour le meilleur pour vous et ce qui vous entoure.

Soyez la meilleure version de vous-même et vous pourrez accomplir des choses incroyables, et plus personne ne pourra vous contrôler.

Nous sommes tous des Dieux ne l'oubliez jamais,

L'amour est la clé.

Ufoman

CHAPÎTRE 23

Conseils sur la consommation.

Pour une meilleure santé, je vous recommande de ne pas fumer ni boire de l'alcool car cela vous empoisonne à petite dose.

La consommation de Calcium en grande quantité est déconseillée sauf si vous avez des carences, car le surplus de calcium va se loger autour de votre glande pinéale et donc cela va l'empêcher de fonctionner correctement.

Préférez un dentifrice naturel car celui acheté en grande surface contient trop de fluor et lui aussi vous empoisonne car il capte les métaux lourd volatiles provenant des gaz brûlés de voitures ainsi que des épandages d'avions ou même dans l'eau du robinet. La cigarette bien sûr est également nocive pour la glande pinéale et pour votre santé comme vous le savez déjà, alors pour mieux vivre avec toutes vos capacités, je vous conseille de diminuer doucement la quantité de tabac.

N'arrêtez pas en une seule fois car vous allez craquer et vous rendre malade puis y retourner comme si de rien n'était. Diminuez la quantité de nicotine dans votre organisme peu à peu sinon, il y a des hypnotiseurs et tabacologues pour vous aider.

<u>Le Vendredi c'est Poisson !</u>

Limite (calculée en fonction de portions de 75 g)	Espèces
Aucune restriction	Thon blanc en conserve,
-Adultes en santé : Aucune limite -Femmes enceintes ou qui prévoient le devenir ou allaitantes : 4 par semaine	Grand corégone, omble de fontaine, éperlan arc-en-ciel, poulamon atlantique, alose savoureuse, anchois, capelan,

-Enfants de moins de 4 ans : 1 par semaine -Enfants de 5 à 11 ans : 2 par semaine	sébaste, merlu, hareng, aiglefin, plie ou sole, maquereau, goberge, saumon, crabe, crevette, palourde, moule, huître, saumon, truite, tilapia
-Adultes en santé : 2,5 par semaine (toutes espèces combinées) -Femmes enceintes ou qui prévoient le devenir ou allaitantes : -Enfants de moins de 4 ans : -Préférer des espèces sans restriction Enfants de 5 à 11 ans : Préférer des espèces sans restriction	Préférez des espèces sans restriction Barbotte, Crapet, Esturgeon, Lotte, Meunier, Perchaude
-Adultes en santé : 2 par semaine (toutes espèces combinées) -Femmes enceintes ou qui prévoient le devenir ou allaitantes : 2 par mois (toutes espèces combinées) -Enfants de moins de 4 ans : 1 par mois (toutes espèces combinées) -Enfants de 5 à 11 ans : 1 2/3 par semaine -Enfants de 5 à 11 ans : 1 2/3 par semaine	Thon frais/congelé, requin, espadon, escolier, marlin et hoplostète orange Thon frais/congelé, requin, espadon
-Adultes en santé : 5 par mois (toutes espèces combinées) -Femmes enceintes ou qui prévoient le devenir ou allaitantes : Éviter -Enfants de moins de 4 ans : Éviter	Doré, brochet, touladi, achigan et maskinongé

Evitez les dentifrices au fluor car cela provoque des cancers et cela va affecter le fonctionnement de votre glande pinéale. Optez plutôt pour des dentifrices bio facilement trouvable sur internet.

Qu'est-ce donc cette fameuse Glande Pinéale ?

La glande pinéale est le centre de la conscience psychique dans l'esprit humain.

Elle est dans le cas présent ce qui vous servira à émettre des messages par la télépathie (Shékinah en autres) voilà pourquoi il faut en prendre soin.

Elle est de la taille d'un pois et se situe dans une grotte située derrière la glande pituitaire. Elle doit son nom à sa forme de cône de pin (pinea » en latin). Ayant toujours été considérée comme une antenne spirituelle, elle est souvent surnommée « troisième œil ».

C'est en fait une petite poche se trouvant au centre géométrique du cerveau, et remplie d'un liquide contenant des petits cristaux piézoluminescents.

Mais pour beaucoup de personnes, la glande pinéale est devenue fortement entartrée à cause de la nourriture non bio. Tant et si bien qu'elle apparait comme un morceau de calcium lors des IRM.

Les cristaux ne peuvent ainsi plus exercer leur travail correctement.

Cette calcification peut entrainer progressivement :

-la dépression,

-l'anxiété,

-la boulimie/anorexie,

-la stérilité,

-l'insomnie,

-la baisse immunitaire,

-la baisse des facultés spirituelles,

-la schizophrénie et autres formes de maladies mentales.

La calcification de la pinéale perturbe aussi la sécrétion de la mélatonine, hormone qui, comme on le sait, facilite le sommeil et qui est normalement secrétée en l'absence de lumière.

Cette hormone dénommée aussi hormone du sommeil est surtout connue comme étant l'hormone majeure de régulation des rythmes chronobiologiques, mais elle supervise également l'ensemble des sécrétions hormonales qui gèrent en particulier la sexualité et la spiritualité.

A noter que ces deux fonctions - disons « magiques » - font appel à la même énergie qui part du coccyx, mais qui ne peuvent pas être utilisées simultanément.

Comment nettoyer sa Glande Pinéale avec des produits naturels.

L'huile d'origan ou de margousier : Elle agit comme antibiotique naturel contre les coques de calcium dont s'entourent les Nano bactéries dans la glande pinéale.

L'Activateur X (de la vitamine K1/K2) :

Les deux composants de cet activateur, les vitamines K1 et K2, se trouvent respectivement dans les légumes verts et dans certains types de produits animaux.

L'huile de raie bio Blue Ice : Une des plus puissantes substances naturelles que vous puissiez utiliser pour détoxifier votre glande pinéale.

Elle contient une substance très puissante nommée l'Activateur X », découverte par Weston Price.

Le MSM : Produit puissant pour une détoxifier tout le corps.

Le MSM est aussi bon pour les cheveux, la peau, les ongles, et les os. Renseignez-vous à l'achat pour le dosage.

Le cacao brut : Le cacao brut contient de nombreux antioxydants ce qui en fait un excellent purifiant.

Il est également bon pour stimuler la glande pinéale, le « troisième œil » et l'intuition.

L'acide citrique : Le jus de citron pressé est excellent pour détoxifier votre glande pinéale.

Faites une cure à la saison des citrons : augmentez votre dose progressivement jusqu'à 7 citrons bio chaque jour, à jeun, pour une durée de 3 semaines.

Vous pouvez mélanger ce jus de citron avec de l'eau de source, c'est désaltérant et c'est moins mauvais pour les dents en raison d'une acidité moins forte.

L'ail : Une cure à base d'ail est excellente pour la décalcification, car l'ail permet de dissoudre le calcium et agit comme un antibiotique.

L'ail est donc bon pour le système immunitaire.

Lors de votre cure, augmentez votre dose progressivement jusqu'à une tête d'ail par jour !

Pour éviter la mauvaise haleine, pressez l'ail et mélangez-le à du vinaigre de cidre ou du jus de citron frais.

Le bore : Le bore est excellent pour détoxifier et nettoyer la glande pinéale.

Il est également efficace pour éliminer le fluor. Le meilleur moyen de le consommer est sous forme de betteraves bio ou d'essayer la poudre de betterave associée à de l'eau de source ou d'autres liquides et aliments.

Vous pouvez essayer d'ajouter 1/4 de cuillère à café de borate de sodium (borax) à votre thé vert.

Une source bon marché de bore est le borax classique, qu'on peut acheter dans la plupart des supermarchés. Il faut prendre le borax en très petites quantités, dans de l'eau pure, en ne mettant pas plus d'1/32ème à 1/4 de cuillère à café de borax par litre d'eau.

La manière sûre et efficace, c'est de consommer ce mélange en petite quantité tout au long de la journée.

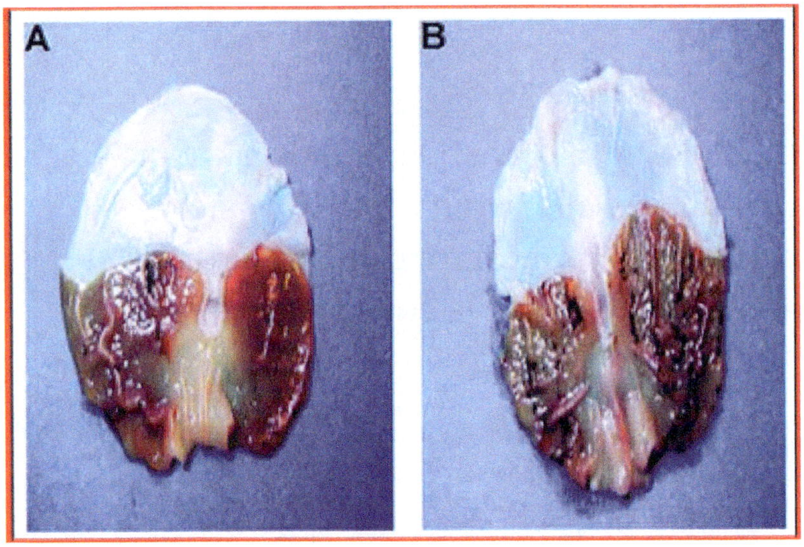

Exemples de glandes Pinéales calcifiées

CHAPÎTRE 24

Activer la glande pinéale

Activer notre glande pinéale peut donc être utile puisqu'elle affecte tous les systèmes biologiques.

En Orient, elle est également considérée comme le lien entre le matériel et le « spirituel » et permet l'expansion ou la contraction de notre conscience psychique.

Elle est parfois associée au sixième centre d'énergie, ajna chakra ou « troisième œil », alors que pour d'autres, elle serait plutôt le « siège physique » du septième centre d'énergie, sahasrara chakra, véritable interface entre notre conscience individuelle et la conscience cosmique.

Régulation de la glande pinéale :

1. L'exposition à la lumière.

Tout type d'exposition à la lumière, directe ou indirecte, active la glande pinéale, l'incitant à produire de la sérotonine.

Voilà pourquoi il est essentiel d'éviter trop de lumière après le coucher du soleil, parce que nous avons besoin que notre glande pinéale produise de la mélatonine et diminue la sérotonine. Ce processus ne peut être réalisé qu'en réduisant la lumière ambiante autant que possible.

2. Dormir dans le noir total.

Dans un environnement sombre, notre glande pinéale produit suffisamment de mélatonine pour assurer un bon sommeil réparateur.

Assurons-nous d'éviter les dispositifs rétro-éclairés comme les téléphones, les tablettes, les écrans d'ordinateur ou la télévision avant le coucher. L'éclairage de ces dispositifs stimule la production de sérotonine et perturbe nos cycles veille / sommeil.

3. Regarder le soleil.

La « contemplation solaire » est probablement l'un des exercices les plus controversés pour activer la glande pinéale. Et pourtant, elle aurait des effets particulièrement intéressants.

Voici les bases pour une pratique « sécurisée » : en début de journée, pendant les 15 premières minutes de son lever et, en fin de journée, pendant les 15 dernières minutes avant de se coucher, il suffit de regarder vers le Soleil pendant quelques secondes. L'opération peut se faire plusieurs fois. Comme la « contemplation solaire » comporte des risques évidents, le simple fait de diriger le regard vers l'aura solaire suffit déjà à stimuler puissamment la glande pinéale, sans avoir à regarder directement au centre du disque solaire.

On ne le dit jamais assez, mais la méditation est un bon élément pour décalcifier la glande pinéale car cela la fait travailler et peut faire craquer le calcium ce qui se traduit par un flash dans la tête. De plus ces méditations peuvent déclencher en vous ou vous permettre de débloquer des capacités endormies.

Maintenant c'est à Vous !

Annunaki détenant dans sa main la « pomme » de pin

(Le fruit interdit) Symbole de la connaissance

(Dévérouillage de la glande pinéale)

Côté films pour le développement de la compréhension de la Matrice.

-Le jour où la terre s'arrêta
-Docteur Strange
-Projet Blue book
-Los Angeles Invasion
-George Orwell 1984
-Shining
-Tous les matrix
-Rencontre du 3em Type
-Terminator
-X-Files
-Sixième sens
-Men in Black

Pleins d'autres Titres sont disponibles ici: https://www.17h17.be/200-films-spirituels-eveilleurs-de-conscience/

Merci.

Printed by Amazon Italia Logistica S.r.l.
Torrazza Piemonte (TO), Italy

52738015R00051